L'EXPOSITION ARTISTIQUE

COMPTE RENDU

DE

L'EXPOSITION ARTISTIQUE

ET ARCHÉOLOGIQUE.

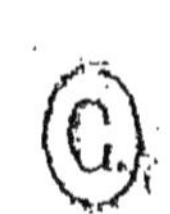

COMPTE RENDU

DE

L'EXPOSITION ARTISTIQUE

ET ARCHÉOLOGIQUE

Ouverte à l'Hôtel-de-Ville de Rennes (salles du Présidial)

A L'OCCASION DU CONCOURS RÉGIONAL

—

SEPTEMBRE 1872.

—

RENNES

LIBRAIRIE GÉNÉRALE VERDIER

Rue Motte-Fablet, 5.

A M. MARTIN

MAIRE DE LA VILLE DE RENNES.

Monsieur le Maire,

Nous avons l'honneur de vous adresser le compte rendu sommaire de l'Exposition artistique et archéologique qui s'est ouverte, à Rennes, le 29 août, et s'est fermée le 15 septembre 1872, sur votre initiative et sous votre patronage. Ce compte rendu est spécialement consacré à conserver le souvenir des œuvres d'art et des objets de haute curiosité qui ont momentanément figuré dans les salles de l'Hôtel-de-Ville. Pour parer autant que possible à la brièveté du temps qui s'est écoulé entre le rangement des objets et la fermeture de l'Exposition, le Président a eu recours à la bienveillance et au talent de quelques-uns des membres de la Commission, et c'est sur leurs notes qu'a été rédigé ce compte rendu. Cette collectivité de travail aura peut-être eu pour résultat inévitable de laisser échapper quelques objets intéressants au milieu de ceux qui nous ont été offerts en si grand nombre; mais nous sommes certains, d'une part, que ces omissions sont très-peu nombreuses, et, d'autre part, personne ne saurait se méprendre sur l'intention.

Par ailleurs, Monsieur le Maire, et pour constater le succès vraiment sans précédent de l'Exposition, les chiffres parlent plus haut que les paroles. Notre recette a été de 5,600 fr., et comme, d'une part, le droit d'entrée a été réduit tous les dimanches à 25 centimes par personne; comme, d'autre part, les exposants avaient leur droit d'entrée gratuite, on peut affirmer sans crainte que le chiffre des visiteurs dépasse 9,000 et se rapproche de 10,000.

Ce résultat dépasse toutes les espérances; et s'il faut en féliciter les pauvres, qui profiteront de la somme importante qui sera mise par nous à votre disposition après le règlement des dépenses strictement nécessaires exigées pour parvenir à ranger une pareille collection, il faut aussi féliciter la population tout entière, exposants et curieux, qui ont pris au sérieux un spectacle dont le but unique était la satisfaction de l'esprit et son instruction au point de vue de la science et de l'art.

La Commission que vous aviez choisie, Monsieur le Maire, et qui m'a fait l'honneur de me nommer son président, n'a pu fonctionner tout entière pendant les préparatifs de l'Exposition. Des deuils cruels pour quelques-uns, pour d'autres des nécessités d'absence, nous ont privé de leur bon concours. Ceux qui sont restés toujours avec nous, ou qui ont pu revenir avant la fermeture des salles, se sont multipliés, et vous avez vu vous-même, lorsque vous nous avez fait l'honneur de nous visiter, que tout était prêt au jour dit.

Nous avons eu aussi à nous louer en toutes choses du zèle des employés que vous avez bien voulu mettre à notre disposition, et nous prenons la liberté de les recommander à toute votre bienveillance.

Grâce à votre dévouement absolu pour les intérêts vrais de la cité dont l'administration vous est confiée, le succès du présent est un gage assuré de l'avenir.

J'ai l'honneur d'être,

Monsieur le Maire,

votre très-humble et très-obéissant serviteur,

Le président de la Commission d'Exposition,

S. ROPARTZ.

I

COUP D'OEIL GÉNÉRAL.

Avant que les salles du Présidial reprennent leur solitude, les artistes et les collectionneurs qui les ont si complètement garnies veulent qu'un compte rendu sommaire, conservant le souvenir d'un succès véritablement indiscuté, serve de point de repère aux futurs organisateurs d'une exhibition analogue.

Le peu de temps qui s'est écoulé entre la pensée même de l'exposition et l'ouverture des salles, et surtout la saison d'été, entraînant vers la mer et vers les champs un grand nombre de familles, dont les richesses n'ont pu être mises à la disposition des membres de la Commission, ont constitué un double obstacle que l'activité et le zèle de la Commission ont dû tourner, mais que l'avenir évitera avec soin.

Ce n'a pas été, du reste, et il est bon de le dire très-haut, un des moindres témoignages de la sympathie accordée à l'œuvre, que l'expression multiple des regrets manifestés par les personnes que les circonstances ont, pour cette fois, empêché d'exhiber les trésors que les vieilles maisons bretonnes conservent pieusement ; et il est certain pour nous, non-seulement qu'une prochaine exposition, faite dans des conditions de temps et de saison bien calculées, exigera un local double, mais amènera l'exhibition d'objets d'art et de curiosité tout à fait inconnus du public.

Que l'Administration municipale, dont l'initiative a été, dans la circonstance, à la fois si bienveillante et si heureuse, veuille bien prendre bonne note des sentiments que nous avons été mis à même de recueillir ; et le succès du présent sera sans aucun doute sanctionné par un nouveau succès, encore plus profitable pour les arts et pour la bienfaisance.

En manifestant ces espérances pour l'avenir, nous n'avons pas, sans doute, à craindre d'amoindrir le présent. Plus de deux cent vingt exposants ont répondu, de Rennes même et des points les plus reculés de notre vieille province, à l'appel qui leur était fait; les quatre grandes salles du rez-de-chaussée du Présidial sont absolument remplies, et les huit mille visiteurs qui les ont jusqu'ici fréquentées se sont retirés en témoignant leur satisfaction sans réserve, et, il faut bien le dire, pour le grand nombre, leur étonnement sympathique de voir réunie, en si peu de temps, une si grande quantité de choses rares et curieuses.

Une autre marque de l'intérêt vrai que l'Exposition a eu pour tous, c'est le nombre très-considérable de chefs d'ateliers et d'ouvriers qui l'ont, je ne dis pas visitée, mais étudiée avec une attention significative. L'exiguité des salles, la nécessité d'éviter l'encombrement pour ne pas exposer à quelque heurt des objets précieux et délicats, défendaient aux commissaires de permettre l'entrée gratuite; la fréquentation assidue des classes populaires porte donc avec elle sa signification intelligente et réfléchie, et la vente considérable du catalogue sommaire des objets exposés vient donner à ces observations une confirmation absolue.

L'heure n'est-elle pas venue pour les statisticiens consciencieux d'effacer la teinte d'obscurantisme dont les Dupins avaient barbouillé notre Bretagne?

II

SALLE A.

Gravures — Dessins et Aquarelles — Sculptures.

Dans le simple vestibule des salles du Présidial, vestibule transformé lui-même en salon gracieux et plein de fraîcheur par l'apport d'une collection de plantes et d'arbustes en fleurs, sont réunis à la sculpture, les gravures, les dessins, les aquarelles.

Parmi les gravures anciennes et rares, il faut relever, à côté de la belle collection des batailles d'Alexandre, par Audran, collection appartenant à M. Jan, un nombre assez considérable de gravures se rattachant directement à l'iconographie rennaise. M. de Robien et M. Aussant avaient réuni les principaux éléments de cette iconographie, plus étendue et plus variée qu'on ne le pense généralement. C'est une heureuse pensée d'avoir groupé dans la présente Exposition quelques spécimens principaux de cette collection, intéressante au point de vue historique et au point de vue de l'art. Nous savons qu'elle trouvera prochainement, agrandie et complétée, sa place au Musée de la ville, et M. André est assuré de l'approbation de tous les gens qui tiennent par le cœur au glorieux passé de notre province.

M. Mévius a exposé dans la salle B plusieurs photographies de ces gravures, véritablement introuvables. Les collectionneurs trouveront dans ces photographies excellentes une sorte de compensation.

Notons la belle gravure de M. Oberthur père, reproduisant la façade monumentale de la cathédrale de Strasbourg. Le nom d'Oberthur est désormais breton.

M. de Rochebrune a envoyé à Rennes deux magnifiques eaux-fortes représentant le château de Chambord. Il est difficile de rêver rien de plus ample, et l'œil reste étonné de tant de simplicité dans les lignes unie à une si grande vigueur dans les aspects.

M. Le Goaesbe de Bellée, dont nous aurons à parler avec de complets éloges, à propos de ses beaux paysages, entre à son tour dans la série si difficilement accessible des aquafortistes originaux; nous lui souhaitons et nous espérons un plein succès; il a déjà la finesse et la distinction; l'ampleur et la vigueur lui viendront avec l'expérience.

Parmi les dessins, il faut nommer en première ligne la grande page de M. Léofanti, représentant l'armée de Cambyse engloutie dans les sables du désert. Ce n'est plus ici cet engloutissement si célèbre de l'armée égyptienne dans les vagues de la mer Rouge; c'est une foule éperdue au milieu des sables, une armée gigantesque aux prises avec le simoun : tours mouvantes sur la croupe des éléphants, chevaux, cavaliers, tout se débat sous les flots énormes de ce désert mobile. Inutiles efforts! La foudre éclate et jette ses lueurs; tout doit s'engloutir et disparaître sous le linceul brûlant du sable amoncelé. C'est cette scène vraiment titanesque que M. Léofanti a voulu représenter : tâche de maître, à laquelle il n'a pas été inférieur.

Le même artiste expose l'esquisse à l'huile d'une fresque décorative pour le grand escalier du Lycée de Rennes. C'est, d'un côté, le Travail; de l'autre, la Paresse. D'un côté, l'enfant assidu à l'étude devient l'homme utile et honoré, laboureur, légiste ou soldat; de l'autre, l'enfant gourmand et paresseux deviendra, à coup sûr, le malfaiteur justement proscrit de la société. L'idée est claire et suffisamment indiquée. Nous souhaitons que cette ébauche soit prochainement exécutée avec les quelques modifications de détail qu'entraînera nécessairement l'application à la muraille.

Un troisième dessin, intitulé *Dolor del Cuore*, plein de grâce et de jeunesse, et un crayon reproduisant la silhouette d'un joli cheval arabe, sont également exposés par M. Léofanti.

Deux autres grands dessins sont à indiquer ensuite. C'est d'abord la belle mine de plomb de M. Jobbé-Duval, qui à son incontestable mérite comme artiste décorateur joint un talent très-remarquable de paysagiste et de peintre de fleurs. Il est difficile de mieux rendre l'étendue et l'espace; la multiplicité des détails ne nuit en rien à la grandeur du site, et ce n'était pas une mince difficulté à vaincre que de produire cet effet général avec un instrument aussi ingrat que le crayon.

M. Gallot, l'architecte-sculpteur dont le nom se retrouve à propos de l'excellent médaillon du géologue M. Rouault, n'a pas pris le même procédé que M. Jobbé-Duval. Il nous présente un fusin vigoureux, d'un aspect excellent. Ce ciel lumineux, ce beau groupe d'arbres se détachant en silhouette, le petit chemin descendant à la rivière, tout est plein de charme, et si M. Gallot voulait persévérer dans cette voie, il est assuré d'un vrai et légitime succès.

M. Busnel ne pouvait manquer d'envoyer des œuvres vraiment bretonnes à ce rendez-vous de l'art breton. M. Busnel est resté fidèle à Brizeux, le poëte national, qui n'a jamais trouvé un artiste plus dévoué et aussi profondément pénétré du patriotisme local. Seulement M. Busnel, cette fois, agrandissant son cadre, a quitté le crayon et la plume pour le pinceau, et nous ne l'en blâmons pas. La première encre de Chine de M. Busnel rappelle la rencontre des quatre héros du poëme des *Bretons*. Le fond du paysage est charmant, et les trois figures debout se détachent fièrement sur le ciel. La seconde page de l'artiste est l'illustration de la saynette intitulée : *Le Catéchisme*, composition austère qui fait le plus grand honneur au talent vrai de M. Busnel. Marie, devenue mère et mère chrétienne, montre son enfant déjà grandet au poëte voyageur qui passe, sceptique, auprès de cette église où il a autrefois prié :

Chut! on dit le *Credo*, symbole fort et doux ;
Plus que tous ces enfants, ami, que savez-vous?

Il faut citer, avant de passer aux aquarelles, une série de dessins de M. d'Andiran, exposés par M. de Ferron, son élève, qui manie le crayon avec la même grâce que le maître, et une jolie vue de Messac, par M. Vincent.

L'aquarelle est dignement représentée par feu Darcy, dont Mlle Franco expose une grande barque échouée sur la grève, dessin magistral d'une vigueur et d'une habileté surprenantes.

M. Amiel, de Saint-Malo, a une fort belle exposition de chevaux, qui ne seraient pas désavoués par Géricault, que M. Amiel a dû étudier avec soin, comme le prouve encore la bonne toile du Mazeppa dans la salle B, tableau peint en collaboration avec L. Boulanger.

M. Vincent ne se contente pas du crayon; il nous donne aussi deux aquarelles de bonne facture, sans compter le grand tableau de fleurs qui, dans la salle B, fait un digne pendant à l'excellente peinture décorative de M. Jobbé-Duval.

Quatre fort bonnes reproductions de fresques italiennes du XVe ou XVIe siècle, exposées par Mme Marteville, ne doivent pas être omises dans cette nomenclature des aquarelles à signaler dans le vestibule.

Nous passons à la sculpture :

Au milieu de la salle A se trouve le Guttenberg de M. Barré. Cette statue, remarquable à plus d'un titre, a été modelée pour les ateliers de Charpentier, à Nantes, et est appréciée depuis longtemps ; le même artiste expose encore le buste de sa belle statue de Graziella ; un excellent médaillon de Mme *** ; une tête de lion tout à fait magistrale, et un bas-relief intitulé *Bretagne et Angleterre*, représentant la lutte de deux chevaliers du XIVe siècle, morceau dans lequel brille un rare mérite de mouvement, ce qui n'exclut pas la sobriété dans les lignes.

M. Barré a bien voulu exposer, en outre, deux œuvres de choix collectionnées par lui et dont il n'est pas l'auteur : le buste de Mirabeau, par Decaisne, et le buste du cardinal Fesch, par Canova.

A côté de M. Barré figure, non sans honneur, l'œuvre multiple d'un autre sculpteur rennais, M. P. Gourdel, qui se distingue par une expression presque naïve, douce et ferme à la fois. Ses grands bustes de Ginguené, La Bletterie, La Tour-d'Auvergne, ont de la tenue sans raideur, de la finesse et de la vie, de la mobilité, en un mot, dans la figure, et dénotent un artiste chez lequel l'étude de l'antique n'a pas desséché le sentiment de la nature. Treize bustes d'illustrations bretonnes, parmi lesquels il faut noter celui du regretté Julien Gourdel et le buste en marbre de M. H. Lucas, complètent l'exposition personnelle du laborieux artiste.

Dans le milieu de la salle B, tout le monde remarque la belle statue taillée dans le marbre par P. Gourdel, d'après le plâtre de son cousin Julien Gourdel. Le *Petit Savoyard* pleurant sa marmotte appartient doublement à la ville de Rennes, et le nom des deux Gourdel, gravé sur le socle, consacre une double et fraternelle illustration.

Auprès du *Savoyard*, Rennes pourra montrer non sans orgueil, après l'Exposition, le ravissant buste de jeune fille, sculpté par J. Gourdel, placé au milieu de la salle C, et que M. de la Durantais, son propriétaire actuel, veut bien offrir au Musée municipal.

La mort, dans ces dernières années, a frappé plusieurs sculpteurs dont la Bretagne pouvait tirer justement gloire.

M. Léofanti a envoyé à notre Exposition trois bustes de feu Lanno, statuaire du plus grand mérite, et l'œuvre est digne de la réputation de l'auteur. Ces bustes sont ceux de M. de Barante, du maréchal Brune et du peintre Guérin. M. Léofanti, qui se prend à manier l'ébauchoir comme le crayon et le pinceau, a modelé lui-même le buste de Lanno. La place de cet ouvrage, doublement rennais, est marquée au Musée de la ville, que le testament de Lanno a enrichi de ses œuvres.

M. Goupil, qu'un accident cruel a seul empêché de nous donner une exposition plus complète, a envoyé une charmante statue de la Vierge, deux bas-reliefs faisant partie d'un Chemin de Croix, et deux petites statuettes, le *Chasseur* et la *Pêcheuse*, que l'on remarque dans la salle B.

M. P. Ogé, fils et imitateur du regrettable statuaire dont la ville de Saint-Brieuc et le-

département des Côtes-du-Nord conserveront toujours le souvenir, a exposé, outre le buste de son père, offert par lui à la vieille amitié de M. Ropartz, le buste de Mgr David, évêque de Saint-Brieuc et Tréguier, et un Ange Gardien en terre cuite d'un sentiment charmant, directement puisé dans les leçons paternelles. Le jeune artiste est le bienvenu au milieu de nous; qu'il reçoive ici, avec nos encouragements sympathiques, nos souhaits d'avenir.

Le souvenir de son père le protège même dans notre Exposition, où figurent la statuette de d'Argentré, terre cuite appartenant à M. Ropartz, et un petit médaillon en bronze de la *Sainte Famille*.

Encore l'œuvre d'un mort trop tôt enlevé aux arts, Suc, de Nantes. On prendrait sa statue de la *Mélancolie* pour une Velléda, tant elle respire cette rêverie poétique qui est comme naturelle aux compatriotes du chantre des *Martyrs*.

M. Harel, de Fougères, et M. Rouault, de Rennes, ont un peu tardivement exposé, le premier un buste d'enfant, où l'on remarque une vérité de nature incontestable, et le second des têtes d'animaux pleines de verve et d'un excellent aspect.

Pour ne point mêler la sculpture aux peintures anciennes et modernes qui garnissent les salles B et C, il convient de parler ici même du buste d'enfant, par Houdon, que M. Duval conserve comme un touchant souvenir de famille et veut bien montrer au public comme un vrai chef-d'œuvre : jamais le cœur d'un grand-père n'a mieux inspiré l'ébauchoir d'un grand artiste. Houdon est encore représenté à l'Exposition par ses deux dessins au crayon, portraits de famille exposés également par M. Duval, et par les deux bustes en bronze de Corneille et de Racine, que M. Ropartz a eu la bonne chance d'acquérir récemment.

Nous nous reprocherions d'oublier deux statuettes anonymes en marbre, du XVIIIe siècle, l'une représentant le Christ enfant, couché sur la croix, et appartenant à M. le président Taslé; l'autre, toute différente de style, représentant une bacchante, et qui appartient à M. Berny.

III

SALLE B.

Peinture moderne — Tapisserie d'après les cartons de Raphaël — Argenterie — Meubles divers.

Il ne faut pas se faire illusion à cet égard; dans les conditions que l'égalité sociale fait aux artistes vivants, une exposition doit être une occasion toute spéciale de vendre leurs toiles, ou du moins de les mettre en vente; c'est cette certitude ou du moins cette chance qui peut, et j'ajoute consciencieusement, qui doit seule les décider aux frais relativement considérables d'encadrement et d'emballage.

Jusqu'ici, à Rennes, les peintres vivants

avaient trouvé peu d'accès auprès des personnages chargés de l'administration du Musée. Le concours tout gratuit et tout charitable que nos artistes locaux ont apporté à l'Exposition de l'Hôtel-de-Ville a porté quelques personnes à se préoccuper des moyens d'assurer pour l'avenir le retour et l'extension de ce bon vouloir; et nous croyons remplir un des buts principaux de ce compte rendu en indiquant dès aujourd'hui à l'Administration si intelligente et si bienveillante qui dirige la municipalité rennaise le système qui a fait ses preuves dans d'autres villes importantes de province, et qui semblerait assurer mieux que tout autre la décentralisation artistique dont tous les esprits sages et vraiment patriotiques sentent vivement le besoin.

Si le Conseil Municipal votait, chaque année, quelques centaines de francs, qui grèveraient peu son budget; si cette somme, ainsi accumulée, permettait d'annoncer que la ville, à chaque exposition, organisée par elle tous les cinq ou six ans, serait en mesure d'acquérir pour son Musée des œuvres d'art et de curiosité qui lui seraient indiquées par le choix de la Commission d'Exposition, nul doute que les artistes de tout rang ne s'empressent de prendre part à ce concours; nul doute surtout, et c'est là le grand but à poursuivre, que les artistes provinciaux, si délaissés, si abandonnés à leurs propres ressources, n'aspirent à figurer dans le Musée même de leur province, et ne se préparent aux expositions par un redoublement d'efforts vivifiants et féconds.

Cela dit, ou plutôt indiqué, revenons au présent et parcourons la salle B.

Cette salle renferme nécessairement presque tous les genres de peinture, et il convient de diviser les œuvres diverses qui y sont exposées en plusieurs catégories.

Disons un mot des portraits : M. Birotheau, dont la réputation n'est plus à faire à Rennes, en présente deux : le sien d'abord, qui est parfait de vérité et de ressemblance. La lumière, la fermeté de touche, la pureté de formes, rien n'y manque ; c'est un succès incontesté et mérité de tout point. Le second portrait exposé par M. Birotheau est celui de Mlle Chapuy, qui chantait l'an dernier les premiers rôles au théâtre de Rennes, et que l'Opéra-Comique de Paris vient de revendiquer. C'est une véritable bonne fortune pour l'Exposition de Rennes de pouvoir montrer ce charmant spécimen du talent sympathique de l'auteur. Tout le public a apprécié, aussi bien que les amateurs, la grâce et le naturel de la pose; les chairs sont d'un modelé ample, et cependant plein de souplesse; l'œil est profond; le visage sourit. Les étoffes sont traitées avec soin; le fond, très-sobre, aide singulièrement à faire valoir le personnage. La jeune prima-donna a dû se reconnaître.

M. le docteur Rouault de Coatquélan, qui fait de la peinture à ses heures, et la fait bien, expose le portrait du président de la Commission, M. Ropartz. Il y a montré un vrai sentiment de la nature; l'aspect général est simple et calme, et ne manque ni de relief ni de lumière; la ressemblance est complète. M. Rouault garde les mêmes qualités dans son joli petit portrait ovale de jeune fille.

Le portrait de M. M***, président de Chambre, par M. Léofanti, malgré des qualités fort sérieuses, obtient peut-être, près du public, moins de sympathies que les précédents. Le modelé, trop accentué, incline un peu à la rudesse.

Un tout petit portrait ovale de M. Th..., par M. Jan, attire, à bon droit, l'attention.

Tous ces portraits et quelques autres à l'huile ou au pastel, notamment le portrait d'enfant de Mlle Franco, réunis dans la même salle, prouvent que cet art difficile est cultivé en Bretagne avec une franchise toute nationale, à laquelle le talent n'a qu'à gagner.

Nous n'avons au salon que deux tableaux vraiment historiques : le *Mazeppa* de M. Amiel, dont nous avons parlé à propos des aquarelles, et le *Baptême du Christ* de M. Jan. M. Jan est de l'école de Droling, qui a fait tant de bons élèves. On reconnaît dans son tableau les qualités de son professeur : une étude très-consciencieuse du nu, un modelé fort et une grande dignité. Presque toujours le Christ est représenté debout, les pieds dans l'eau; l'artiste a préféré le mettre à genoux en face du Précurseur. Il n'est pas à en blâmer, car le mouvement du Sauveur est plein de souplesse et forme avec la figure debout un ensemble charmant. Les têtes et toutes les extrémités sont d'une exécution achevée.

Parmi les tableaux de genre, nous remarquons d'abord les *Femmes de pêcheurs* de feu Darcy, appartenant à M. Martin, maire de Rennes. C'est une œuvre à la fois bien composée et bien peinte, qui n'a rien de supérieur dans sa série, et que Lepoitevin eût signée de grand cœur. Nous notons ensuite un petit tableau du même artiste, *Scène de chouannerie*, qui est une merveille de finesse. Cette toile microscopique appartient aussi à M. Martin.

M. Clément expose une série de tableaux, paysages et marines avec figures, par Trouville, bonnes peintures de genre, où il y a du naturel et du savoir-faire; M. de Freslon nous a donné un joli tableau, signé Vallon de Villeneuve; M. Huchet de Cintré, des chevaux à l'abreuvoir, signés Ménard;

M. Danjou, les *Zéphyrs du printemps*, école de Diaz, et qui supporteraient la signature du maître.

M. Jan a bien voulu nous donner une copie excellente d'après Alfred de Dreux, et ceci nous amène à parler de sa réduction des *Noces de Cana*, magnifique étude dans laquelle on croit voir revivre le maître immortel, tant la reproduction est exacte et scrupuleuse.

Les tableaux de nature morte sont nombreux et fort bons. Nous avons de M. Léofanti, qu'on retrouve dans tous les genres, et ce n'est point une critique sous notre plume, un beau dindon blanc, qu'accompagnent des oignons qui eussent été primés par l'horticulture, un chaudron modèle et un morceau de veau cru qui n'a qu'un défaut, celui d'être trop vrai. — Nous citons encore les canards, le lièvre et les fruits de M. Paillard fils; les très-beaux fruits de M. Maris; les oiseaux de mer de M. Gautier et une très-jolie étude de geai de M. Chautron.

Il ne faut pas omettre encore une fort

bonne tête de chien de chasse, étude par M. F. de Trégomain.

Plusieurs artistes paraissent se disputer le premier rang du paysage dans notre Exposition, particulièrement remarquable à ce point de vue; mais après réflexion, et sans vouloir diminuer le mérite de personne, un critique d'art n'hésitera pas à nommer tout d'abord feu Blin, dont la mort prématurée rend plus précieuses encore les œuvres excellentes. Blin a à l'Exposition deux toiles de premier ordre : l'une, appartenant à la famille du peintre, est l'esquisse du grand tableau qui est au Musée de Rennes. Nous pensons quant à nous, et nous ne sommes pas seuls de cet avis, que cette esquisse, où la nature, prise sur le vif, respire tout à l'aise, n'est pas inférieure au tableau lui-même. L'autre tableau de Blin est une vue de la côte de Bretagne, effet de soir, donné par l'auteur à M. Decombe. Dire l'impression éprouvée devant cette peinture, moitié tableau, moitié esquisse, est à peu près impossible. Un ciel lumineux, mais sans éclat; une côte lointaine d'une grande fermeté, sans être dure; un premier plan d'une rare puissance de ton, un sable gris d'une finesse incroyable et une eau d'une transparence exquise : voilà tout ce qu'on trouve dans cette toile de deux pieds, dont l'œil ne sait pas se détacher, et vis-à-vis de laquelle on croit respirer l'air salin des grèves bretonnes.

A côté du tableau de Blin, le visiteur trouve, sans changer d'impression, deux grands paysages qui ont aussi pour horizon la mer de Bretagne.

Les *Environs de Saint-Pol-de-Léon*, de M. Yan-d'Argent, ont déjà figuré avec grand et légitime succès dans plusieurs expositions. La grève lointaine si nacrée, les clochers à jour plus lointains encore apparaissent au travers une forêt de gros hêtres, évidemment étudiés sur nature, dont le vent de mer a rabougri les branches noueuses, dont les racines énormes émergent du sol moussu, et sous l'ombre desquels le cloarec étudie pieusement les racines grecques ou le rudiment de Lhomond, au bord du sentier qui serpente et conduit à la baie. C'est une œuvre toute bretonne, pleine d'intérêt, de force et de vérité.

Le voisinage ne nuit point à M. Le Goaësbe de Bellée, resté breton de talent comme il est breton d'origine. M. de Bellée expose une grande toile représentant la plage où se déroula la bataille célèbre de Saint-Cast. Cette peinture, dont la mer est parfaite, produit beaucoup d'effet, quoiqu'un peu nue et vide de toute animation. On se prend presque à regretter le malencontreux moulin du duc d'Aiguillon. Deux autres petites toiles du même artiste méritent à tous les points de vue d'être signalées à l'attention; mais nous réservons tous nos éloges pour la charmante étude sur nature de la baie de Paimpol; son aspect si vrai, son exécution si facile et si souple font le plus grand honneur aux études sérieuses de l'auteur, qui, en suivant cette voie, égalera certainement les plus grands maîtres du paysage moderne.

Un petit tableau de M. Lemoine, de Matignon, qu'il intitule *Moulin de mer*, se rattache à l'œuvre de M. de Bellée comme l'œuvre de l'élève à celle du maître.

M. Birotheau expose un paysage de M. Legé, représentant le ruisseau de Beignon

(Côtes-du-Nord), petite merveille pleine de charme et de finesse.

M. Noël, de Quimperlé, a envoyé trois paysages d'un travail consciencieux, et dans lesquels se remarquent d'excellentes études d'arbres.

Une grande vue de Suisse, appartenant à M. Oberthur, peinte par Silvio Pomo d'après Lange; un bon paysage de Perret, appartenant à M. de la Guistière; une caravane dans le désert, de Hubert, et plusieurs autres tableaux, dignes d'éloges à divers points de vue, et dans le détail desquels le temps ne nous permet pas d'entrer, complètent la série des paysages. M. Vaumor, dans trois toiles de toute petite dimension, a reproduit avec une finesse de détails pleine de verve, diverses scènes de la vie maritime et rurale. Son intérieur des greniers de l'Hôtel-de-Ville de Rennes est fort bon. M. Chabot, dans sa vue de Saint-Briac, montre une aptitude spéciale pour la peinture de marine. M. Arondel présente aussi deux marines intéressantes. M. Dunault expose une copie fort bien peinte d'après un tableau de feu

Darcy. M. Danjou a envoyé un bijou de premier ordre, l'ébauche arrêtée du tableau célèbre de Michalon, le ***Départ de Rolland***

Nous voulons clore cette trop succincte nomenclature en remerciant M. le commandant Mowat et M. le colonel de Mussy de nous avoir confié, l'un une magnifique aquarelle de Pelletier, représentant un moulin près Metz, lequel, hélas! n'est plus français, et l'autre, *Le coup de vent de Sidi-Ferruk*, par Gudin. Nommer l'auteur est suffisant et dispense d'un plus verbeux éloge.

MM. Paillard père et fils nous pardonneront de les nommer à cette place. Il nous a paru bon de grouper ensemble cette famille de compatriotes et d'artistes. Nous avons déjà cité le nom de M. Paillard fils pour son tableau de fruits, nous en parlerons encore pour sa vue de Rennes, œuvre consciencieuse et étudiée avec soin. Quant à M. Paillard père, sa collection de *fixés* est des plus remarquables par l'extrême finesse de l'exécution, et ses deux paysages sont les dignes représentants d'une école un peu conventionnelle sans doute, mais peut-être trop abandonnée aujourd'hui.

M. de la Guistière nous a encore confié deux tableaux, auxquels il est peut-être difficile d'attribuer un nom et même une date, mais qui sont d'une exécution ferme et brillante; nous en dirions autant des deux cadres attribués par M. Jan à *l'école française*; quelle que soit leur origine, ce sont deux bijoux.

Cette salle renferme aussi une série de dessins originaux très-remarquables, tirés de la collection de M. Aussant : une magnifique gouache représentant la bataille de Cassel et appartenant à M. le vicomte de Guébriand; deux pastels très-curieux que M. Ernouf a joints à la sépia magistrale qui est pendue dans la salle A et qui représente Moïse au Sinaï, par Balthazar de Sienne.

Sur la table encombrée de sculptures, qui remplit tout le panneau septentrional de la salle, le visiteur doit s'arrêter pour admirer, à côté d'une pendule Louis XIV à M. Savary, une foule de petits bronzes de Bozio, de Barye, de Mène, — d'autres bronzes, reproduction de l'antique, ou bien œuvre des Japonais et des Chinois, qu'il serait impossible d'analyser en ce travail trop rapide. Un mot d'une potiche en vieux craquelé de Chine, qui porte la marque impériale et provient du Palais-d'Été. C'est un objet de très-haute et très-luxueuse curiosité, qui n'est pas une des moindres richesses de l'inépuisable cabinet de M. le comte de Limur.

Deux grands cartons, exposés aux deux extrémités de cette table, suspendent une collection de beaux émaux des XVIe et XVIIe siècles; les quatre émaux d'un chemin de croix, appartenant à MM. de la Guistière; deux autres émaux d'une conservation admirable, appartenant à Mlle Trévinal; des spécimens plus anciens, exposés par M. le chanoine Desnos et M. Ropartz, donnent à cette collection une valeur artistique et archéologique également sérieuse.

M. Leofanti a eu la bonne fortune de trouver et d'acquérir une des très-rares tapisseries que la Flandre exécuta, au XVIe siècle, d'après les cartons de Raphaël.

En 1518, Léon X commanda à Raphaël,

son peintre ordinaire, les cartons nécessaires pour l'exécution de douze tapisseries qui devaient orner une chapelle au Vatican. Raphaël, alors chargé de beaucoup d'autres travaux importants, ne put terminer ce travail que l'année même de sa mort. Michel Coxie, dit le Raphaël d'Allemagne, et Bernard van Orley, ses élèves, furent envoyés en Flandre pour surveiller la reproduction en tapisserie de ces cartons. D'après Georges Vasari, le prix convenu avec les fabriques d'Arras ne serait pas moindre de 70,000 couronnes d'or (plus de 400,000 fr.).

Outre cette série originelle tissée pour le Vatican, heureusement complète, et d'après laquelle Volpato exécuta ses gravures, il existe au musée de Dresde, dans la rotonde centrale appelée salle de la Coupole, six de ces anciennes tapisseries flamandes, et la galerie de Berlin en possède sept autres. On dit qu'il en fut fait quatre séries. Le Sacrifice de Lystre, sujet interprété dans la tapisserie de l'Exposition de Rennes, et qui se retrouve dans les trois galeries sus-mentionnées, en est la preuve irréfutable.

Quant à l'histoire des cartons qui servirent à exécuter ces tentures, nous n'en toucherons que quelques mots.

Retrouvés à Arras par Rubens, qui eut honte de l'abandon où on les laissait, et achetés par lui pour le compte de Charles Ier, ils furent après l'exécution de cet infortuné monarque, avec d'autres objets de la collection royale, mis à l'encan et vendus à vil prix. Cromwell les fit racheter et les conserva ainsi à la nation anglaise. Après la mort du Protecteur, Charles II les fit transporter à Mortlake, pour qu'ils fussent reproduits en tapisserie. Là, comme à Arras, ils furent délaissés jusqu'au jour où Guillaume IV les fit venir à Londres, où ils furent exposés dans la galerie d'Hampton-'Court.

Des douze dessins tracés par la main du peintre d'Urbino, sept seulement existent aujourd'hui; par une cause ou par une autre, soit dans les voyages, soit dans les fabriques, cinq ont disparu; deux autres, dit-on, doivent être en possession du roi de Sardaigne. Mais ce n'est plus qu'à la galerie du Vatican que l'on peut juger de la fécondité du génie de Raphaël, et du goût simple et sévère qui présida au tracé de ces belles compositions.

Au-dessous de la tapisserie de M. Léofanti, sur deux belles consoles Louis XIV et sur un dressoir, s'échelonnent l'argenterie et les porcelaines de M. le marquis de Langle. Une splendide collection des objets utilisés pour la toilette, sous Louis XIV, ensemble aussi rare que précieux, est surtout à noter. Dans la vaisselle de table, de fort belles et fort anciennes pièces attirent et retiennent l'attention des connaisseurs et du public par l'élégance de la forme et par la richesse de la matière. Quatre pièces fort belles appartenant à Mme Gobaille, à M. de Cintré et à M. du Cosquer, sont placées au milieu de celles appartenant à M. de Langle et ne déparent pas cette princière exhibition.

Elle est complétée et encore enrichie par les deux statuettes en biscuit de Sèvres et par les cinq pièces de porcelaine de Saxe que M. le marquis de Langle a bien voulu exposer. Ce sont à la fois des objets de grand luxe et des objets d'art exquis. Les deux vases de Saxe sous vitrine sont absolument hors ligne et d'une magnificence vraiment royale.

Notons en passant le joli coffret en ébène de M. Ravenel, le bahut en noyer sculpté de M. Léofanti, les deux fauteuils en bois de fer de M. Reuzé, la belle table en porphyre oriental de M. Rouault, le coffre en cuir, du temps de Louis XIII, à Mlle de la Rallaye, qui meublent et garnissent cette même salle; et, si l'heure vient à sonner, regardons se mouvoir toute la volière mécanique de M. l'abbé Caillard, pourvu que la foule qui se presse toujours autour de sa pendule nous permette de distinguer les mouvements si naturels des petits oiseaux.

Une charmante pendule Louis XVI, avec ses deux vases, à M. Berny; une belle mosaïque italienne, à M. Danjou; une riche collection de pierres précieuses gravées, à M. Rouault; des porcelaines peintes par Mme Regnault, des faïences peintes par Mme des Nétumières, couvrent les tables et les bahuts, et préparent le visiteur à passer dans la salle C, consacrée spécialement à la peinture ancienne.

IV

SALLE C.

Peinture ancienne — Émaux — Miniatures. — Meubles divers.

Cette salle, exclusivement consacrée à la peinture ancienne, renferme plus de cent cadres, plus ou moins remarquables, mais tous importants et tirés, pour la plupart, des collections des amateurs de Rennes. Si le temps a manqué pour réunir des spécimens séparés des écoles et des âges, si les investigations de la Commission ont dû se limiter dans un cercle forcément restreint, le nombre et la valeur des toiles exposées témoignent du culte traditionnel de notre pays pour l'art vrai; et il est douteux que nulle part ailleurs, en France, une ville de l'importance et de la population de notre vieille capitale pût en quinze jours offrir une pareille moisson.

Après Rennes, il faut citer Guingamp, qui a envoyé les œuvres d'un peintre du XVIIIe siècle, né dans cette ville, et dont elle est justement fière. C'est pour la première fois que les tableaux de Valentin figurent dans la capitale de sa province, et les Bretons ne pouvaient se rendre compte de la valeur réelle de ce modeste compatriote, que quand le hasard les conduisait à l'église de Saint-Etienne-du-Mont, à Paris, qui montre avec orgueil le *Saint-Étienne*, chef-d'œuvre de notre artiste.

Parmi les collectionneurs qui ont meublé si richement et avec tant d'empressement le salon de l'Exposition, il faut citer, au premier rang, M. Pinczon du Sel, Mme Bleu, M. le marquis de Langle, M. Danjou, M. Reuzé, M. du Haut-Chemin et M. Rouault.

Deux grands tableaux se disputent la palme dans cette salle si bien remplie. C'est, d'une part, la *Vie Humaine*, par Sébastien Ricci, appartenant à M. Pinczon du Sel, et d'autre part une *Sainte Famille*, malheureusement anonyme, tirée de la collection de M. le marquis de Langle.

Rien n'est plus gracieux que la composition allégorique de Ricci. Tous ces bambins vivent, remuent et boivent à pleins bords à la coupe de Jouvence. Ils grandissent, et déjà l'adolescence apparaît; puis commence la vie agitée de l'âge mûr : d'un côté, les philosophes discutent, l'ambitieux cherche à gravir les hauteurs de la renommée; de l'autre, la vie de famille avec ses douceurs, et, hélas! avec ses fautes; à la suite, le repentir, et enfin la tombe. Tout dans cette peinture, est plein à la fois d'éclat et de finesse. Ce parti pris de figures chaudement colorées, sur un fond de grisailles, est on ne peut plus satisfaisant, et certes ce tableau, qui, du reste, a été gravé, figurerait avec honneur dans les plus célèbres musées.

La *Sainte Famille*, au marquis de Langle, appartient sans conteste à cette école hispano-napolitaine qui a produit tant de chefs-d'œuvre. C'est une pièce de premier ordre. Si, comme dans l'école espagnole, la Vierge est un peu trop *femme*, la splendeur des tons, le modelé presque insaisissable des chairs, donnent à cette peinture quelque chose de lumineux et de palpitant, qui exprime la vie sous son aspect le plus attrayant. Certes, ce n'est pas la suavité, j'allais dire le mysticisme de certaines vierges des belles écoles florentine et ombrienne; mais quelque matérialisée que soit cette tradition napolitaine, rien ne peut froisser l'œil le plus chaste et le plus délicat. L'Enfant Jésus est un chef-d'œuvre de réalisme bien entendu, et la belle tête du saint Joseph peut être comparée à toutes celles de Murillo. Le goût éprouvé d'un amateur distingué pourrait seul décider du choix à faire entre ces deux toiles magistrales; ç'a été pour les membres de la Commission une exceptionnelle bonne fortune de les offrir toutes deux pour la première fois aux regards du public.

C'est maintenant le lieu de parler d'un troisième chef-d'œuvre, qui, pour la première fois aussi, figurait dans une exposition publique. La tradition de l'honorable famille qui possède héréditairement le diptyque sur bois représentant la *Mater Dolorosa* et le *Christ au Roseau*, l'attribuait depuis des siècles, et avec toute raison, à un des grands maîtres italiens. Une gravure du XVIIe ou XVIIIe siècle, faite à Rome d'après un autre exemplaire fort connu de la *Mater Dolorosa*, prononça sans hésiter le nom de Léonard de Vinci. A-t-elle eu tort ou raison? Si nous nous en rapportons aux gravures de l'immortelle fresque de *La Cène;* si nous regardons la *Joconde* et la Vierge du Louvre, nous ne serons pas du côté du graveur. Léonard de Vinci, comme tant d'autres, a-t-il eu deux manières? L'admirable diptyque qui est sous nos yeux serait-il l'œuvre d'une première jeunesse, soumise plus étroitement à la tradition mystique du Giotto, de Fra Angelico et du Cimabué? Ce n'est pas notre tâche de trancher cette question délicate; nous nous inclinons devant un chef-d'œuvre, qu'il soit de Léonard de Vinci ou d'un inconnu.

M. Pinczon du Sel a quatre autres tableaux de style et de mérite différents : une belle marine hollandaise de van Becrshauten; un *Enfant Jésus* avec un petit saint Jean, attribué à l'école de Rubens; un *Savetier*, des frères Le Nain, d'un réalisme étonnant, et enfin un splendide paysage de van Bloemen, dit l'Orizonte. Cette belle toile, où respirent les traditions du Dominicain, se fait remarquer par l'ampleur du parti pris, le gras des empâtements et la solidité générale de l'exécution. Nos paysagistes modernes auraient besoin d'avoir quelquefois sous les yeux une œuvre aussi magistrale que celle-là. Les animaux du premier plan sont traités en maître. C'est, à notre avis, un des tableaux les plus complets de l'Exposition.

M. le marquis de Langle a, lui aussi, envoyé plusieurs toiles, entre autres un fort beau portrait de chasseur, de l'école de Largillière, peinture souple et facile que nous regrettons d'avoir dû, à cause de ses dimensions, placer trop défectueusement; un *Enlèvement d'Europe*, dont les lointains et le ciel sont très-fins; deux scènes hollandaises bien conservées; une Suzanne au bain, de Netscher, et une peinture très-originale, dite *Festin de Balthasar*, et qu'il serait difficile d'attribuer à une école connue.

Un tableau, intitulé la *Visite du médecin*, et qui a pour auteur Peters de Hooghe, nous ouvre la collection de Mme Bleu. C'est un intérieur d'une perspective scrupuleusement exacte. La malade est couchée, et un grand homme à collerette, tout de noir habillé, donne des instructions à une jeune fille qu'il tient par la main. La gravité de la scène, du dessin, des costumes, donne des qualités exceptionnelles à cette belle page.

La *Présentation au Temple*, de van Eckout, peintre hollandais, est certes une bien bizarre représentation de cette scène évangélique. Les costumes et les types nous transportent bien loin de la réalité historique, et n'était l'ange, nous rêverions d'une famille juive établie en Hollande au XVIe siècle; mais ce que cette scène a d'absolument trivial, étant donné le sujet, est racheté par des qualités de métier de premier ordre; et tout porte à croire que les personnages sont les portraits d'une famille de donateurs et de patrons de l'église ou de la chapelle, où ce tableau devait être appendu.

Nous trouvons ensuite, parmi les toiles de Mme Bleu, une ravissante *Annonciation*, que l'on ne saurait trop regarder, et que le livret indique comme de l'école des Carrache. Au milieu d'une foule d'enfants charmants, l'archange offre le lys à la vierge Marie et lui annonce le décret divin qui va faire d'elle la mère d'un Dieu.

Nous indiquons trop hâtivement sans doute les autres tableaux que Mme Bleu a bien voulu confier à la Commission : une tête de vieillard et un magnifique portrait de femme; un jeune homme en perruque Louis XIV et en costume romain, qui sait? peut-être un acteur des tragédies de Racine, en tout cas, une tête pleine d'attraits; une Madeleine qui paraît appartenir à la forte école du Caravage; plusieurs toiles hollandaises à propos desquelles on peut invoquer sans trop d'audace les meilleurs noms de cette riche école; et enfin une étonnante petite peinture sur cuivre, à propos de laquelle on ne blasphème pas en évoquant le nom de Rubens, le *Combat des Amazones*, merveille de mouvement, mélange impossible de torses de femmes, de chevaux, de soldats, où tout tourbillonne, frappe, crie et meurt; il y a dans cette miniature toute la matière d'un tableau gigantesque.

Puisqu'à propos de la collection de Mme Bleu nous avons commencé à parler des portraits, disons quelques mots des échantillons conservés de cet art, qui revêtit dans le passé des formes solennelles et aristocratiques, jusqu'à ce que, hélas! la lithographie et surtout la photographie l'aient de nos jours absolument démocratisé.

Nous signalons d'abord à l'attention un très-beau portrait de femme de la fin du XVIIe ou du commencement du XVIIIe siècle, à propos duquel le livret nomme, je crois, Mignard. Il serait impossible de rêver une exécution plus ample et plus facile à la fois. Une robe bleue, à manches ouvertes et à corsage en pointe, se relève sur le côté avec les plis les plus gracieux, et laisse paraître deux bras charmants, d'un modelé souple et élégant, terminés par deux petites mains encore plus charmantes. Le chien qui les lèche, et tous les accessoires, sont grassement peints. Ce portrait, dans un grand salon, doit certes faire bonne figure, et nous félicitons M. le comte de Tredern, qui en est le possesseur.

M. de Coniac a bien voulu nous confier une grande toile de famille, de Largillière ou de son école. Une jeune fille, une fiancée, montre non sans orgueil le portrait ovale d'un président au Parlement, le fiancé sans doute, que soutient un nègre agenouillé. Cet ensemble un peu prétentieux, et assez hétéroclite au point de vue de nos mœurs actuelles, est, au point de vue pictural, une fort belle chose.

M. de Chaigneau expose deux portraits appartenant également à la bonne école française. Le portrait d'une femme fort bien coiffée est d'un aspect tout délicat. La gaze qui entoure la gorge est légère comme une dentelle.

Nous citerons encore un bon portrait de

famille appartenant à M. Dubreil Le Breton, et représentant l'un de ses ancêtres qui fut échevin de Rennes; et nous nous arrêterons à une magnifique toile, peinture vigoureuse et d'une lumière surprenante : c'est le portrait du R. P. Lanneau, bénédictin. Nous ne savons trop préciser l'école à laquelle se rattache cette page étonnante, qui n'est pas signée, mais qui, à coup sûr, révèle un maître.

Deux portraits d'une grande valeur, mais d'une époque plus moderne, appellent notre attention. L'un, de Gérard, appartient à M. le marquis de la Bourdonnaye; l'autre, de Guérin, représente l'abbé Feli de Lammenau à la veille d'entrer dans les Ordres. Cette toile, très-belle au point de vue de l'art, a produit une profonde sensation. Personne ne peut regarder avec indifférence cette figure rêveuse et triste, déjà en proie aux passions intellectuelles qui devaient troubler toute une vie.

Nous terminerons cette série de portraits en parlant de deux toiles de Valentin, que les derniers parents du peintre ont léguées à la municipalité de Guingamp, et que le maire de cette ville nous a si gracieusement accordées. La plus importante est celle où l'artiste s'est représenté lui-même peignant le portrait de sa femme. Le peintre, assis, semble interroger le spectateur sur le résultat qu'il vient d'obtenir. Certes, nous n'avons qu'à féliciter, et cette bonne et sympatique figure n'attendra pas longtemps la réponse. La tête de femme est charmante. La pose de Valentin, d'une simplicité et d'une bonhomie toute naturelle; les détails, boîte à couleurs, mouchoir, finement exécutés, font de cet intérieur modeste et calme un vrai tableau de genre. Le second portrait est certes le plus beau pastel que nous ayons à l'exposition. C'est celui de l'abbé de Séverac, qui fut le premier protecteur de Valentin et son initiateur dans la carrière artistique. Ce portrait serait admiré partout pour la vivacité de l'expression et la simplicité magistrale de l'exécution.

Vien jeune, qui fut chez son père le condisciple de Valentin, a peint le portrait de son camarade. C'est une excellente toile, pleine de feu et d'énergie.

M. André nous a donné une ravissante petite tête de Greuze, aussi bien conservée qu'aucune œuvre de ce maître, et une esquisse de Van Dyck, d'une beauté de tons qui ne laisse rien à désirer.

M. Reuzé a une toile intitulée le *Miroir cassé*, attribuée à Greuze, et un *Amour endormi*, attribué au Corrége. Ce dernier tableau est plein de lumière et d'un effet remarquable. Il est loin sans doute de pouvoir être comparé à l'*Antiope*; mais dans le beau il y a des degrés, et M. Reuzé doit être fier de la part qui lui est échue dans les œuvres si recherchées de cette école célèbre.

Parmi l'exposition si riche et si variée de M. Danjou, qu'un voyage a empêché encore de nous donner quelque chose de sa collection de Fougères, il faut surtout noter une marine hollandaise, un paysage de Paul Brill, une peinture sur cuivre de L. Ferrari et représentant la *Vision de saint François*. Le Paul Brill est certainement très-authentique. Aucun n'eût atteint la même finesse dans les lointains et la même ampleur dans les feuillés des premiers plans. Quant à la marine de Buys, on peut voir au Louvre des Backuisen de plus grandes dimensions, mais certes pas un de plus admirablement peint. L'eau est d'une mobilité surprenante et étudiée avec une rare délicatesse que fait encore ressortir la masse imposante des nuages.

A l'occasion de la marine de M. Danjou, parlons d'un autre tableau, maritime aussi, au moins dans une de ses parties. Je ne sais où M. Jean, qui nous a donné par ailleurs de si bons spécimens de sa bijouterie artistique, a trouvé cette page importante. Il l'intitule *Paysage oriental* et l'attribue à l'école de Claude Lorrain. Cela n'a rien d'exagéré. Ce ciel et cette mer si confondus l'un avec l'autre, cet horizon lumineux rappellent bien les belles peintures du Louvre. Les premiers plans, fermes et vigoureux, reculent encore l'immensité de cet horizon nacré. C'est, en ce genre, une des belles choses de l'Exposition.

M. du Haut-Chemin, qui possède de si ravissantes porcelaines de Saxe, a, lui aussi, une tête de Greuze hors de toute discussion et une tête de femme qu'il peut bien attribuer à Mignard; mais les perles de son exposition sont deux petites toiles de l'école hollandaise, intitulées : l'une *Les pailles*, et l'autre *Femme arrosant des fleurs*. Ce dernier tableau, de l'école de Gerard Dow, est vraiment hors ligne. Deux paysages de l'école de Vernet complètent cette intéressante exposition.

M. le conseiller Duret a un beau tableau d'Abraham Teniers, l'un des neveux du grand artiste. Les personnages et les animaux sont peints très-naïvement, et l'aspect général est vigoureux. M. Duret expose encore un paysage de Jean Griffier, qui mérite une attention toute particulière. M. Duret y tient beaucoup; il prouve, en cela, qu'il est bon appréciateur des richesses qu'il possède.

Un paysage, appartenant à M. Le Vilain, fait pendant à celui de M. Duret. C'est un tableau attribué au Poussin, ou du moins inspiré par lui. Nous n'avons aucune raison décisive pour ne pas admettre que les figures au moins ne fussent réellement de ce grand maître. Une petite *Sainte Famille*, pleine de grâces, nous a été confiée par M. Le

Vilain. Ces deux tableaux faisaient naguère partie du cabinet de M. Aussant.

L'exposition de M. Rouault, le géologue, ne doit pas être passée sous silence. Il nous a donné une petite Madone d'après Cimabué; deux jolis pastels; Diane et Actéon, attribué à Nicolas Lancret; le portrait de la première reine d'Espagne de la Maison de Bourbon, et surtout deux toiles de Raoux, se faisant pendant, intitulées : l'une la *Bulle de Savon*, l'autre la *Perruche*. Rien de plus jeune, de plus gai à voir que ces deux figures rieuses. La couleur en est excellente. Elles seraient partout de très-bonnes toiles de musées.

M. Aussant nous a donné deux Bourguignon tirés de la belle collection de son père, et M. Folie un tableau du même maître, plus important encore. M. Folie a, de plus, deux paysages avec animaux, traités un peu décorativement, mais d'un effet magistral. Ecole italienne.

Tout à côté nous trouvons un tableau d'enfants, école de Boucher, appartenant à M. Jean. Tout le monde sait avec quelle grâce et quel abandon les maîtres de cette école, tant peintres que sculpteurs, ont traité cet âge si souple et si mouvementé. Or, il est impossible d'imaginer rien de plus parfait, en ce genre, que la toile exposée par M. Jean. Le sculpteur François n'a jamais surpassé dans ses bas-reliefs, si renommés, les groupes que nous pouvons suivre des yeux.

M. de Mussy, dont nous avons déjà signalé la marine de Gudin, a aussi dans cette salle deux tableaux de petites dimensions, mais fort dignes d'être cités. C'est d'abord une *Sainte Famille* entourée d'une guirlande de fleurs de la meilleure exécution, puis une toile intitulée le *Philosophe au travail*. Nous félicitons M. de Mussy sur cet envoi : il prouve que la carrière des armes se concilie à merveille avec le goût des arts.

M. Moisan, qui possède dans la salle d'archéologie divers objets intéressants, entre autres une charmante Vierge en bois sculpté, a aussi largement contribué à notre exhibition de tableaux : un grand sujet hollandais avec figures et animaux ; le *Mariage de sainte*

Catherine, peinture italienne sur marbre; un petit paysage de l'école hollandaise où l'on voit un moulin; et nous gardons pour la bonne bouche une superbe esquisse de Jouvenet représentant le *Baptême du Christ*.

Bien d'autres toiles, plus ou moins dignes d'intérêt, nous échappent sans doute dans cette revue hâtive et écrite forcément au courant de la plume et au milieu de la foule. Nous demandons pardon d'une omission involontaire aux propriétaires bienveillants qui ont répondu avec tant d'empressement à l'appel de la Commission.

Nous ne voulons cependant pas clore cette étude sans donner un souvenir à Achille Deveria et un éloge mérité à la gracieuse Vierge que M. le conseiller Le Coq de Kerneven possède de lui, et qu'il a bien voulu nous donner, avec une toile pleine de mérite et représentant *Adam et Ève*, par de Troy.

Mlle André a collectionné une curieuse et précieuse série d'éventails de Louis XIV et de Louis XV.

Comme pendant à ces éventails, couverts eux-mêmes de véritables miniatures, on a réuni dans un groupe vraiment hors ligne, autour d'un splendide médaillon de Louis XV en porcelaine de Sèvres, appartenant à M. du Haut-Chemin, un choix de portraits en miniature signés Jacques, Isabey, Houssait, Chaumont, Meuret, et appartenant à M. Maitrejean, à Mme Chaumont, à M. de Grétry, à M. de Chaigneau, à Mme Collin de la Contrie, à M. de la Blanchardière et à M. Danjou. La belle miniature appartenant à M. Danjou a le mérite spécial d'être le portrait du célèbre Elleviou. Dans une petite vitrine à côté, une autre série de miniatures ou de très-petites peintures à l'huile complète celle que nous venons d'indiquer, et malgré soi, en contemplant ces bijoux, on est tenté de maudire la photographie.

Les meubles qui garnissent cette belle salle de peinture sont dignes de leur entourage et des objets précieux qu'ils supportent.

Au fond, s'étalent les deux élégantes vitrines exécutées par M. Ferchaux, ébéniste à Rennes, pour M. Pinczon du Sel, qui les a remplies des objets d'art et de curiosité les plus précieux : vases étrusques et italo-grecs ;

lampes en terre, païennes et chrétiennes; poteries mauresques; faïences italiennes, hollandaises et françaises; porcelaines de Chine, du Japon, de Saxe et de Sèvres; verres antiques, verres de Venise et de Bohême; bronzes, émaux, ivoires. Nous reviendrons avec quelque détail sur plusieurs de ces curieux objets en parlant d'archéologie; nous signalons en passant, parce qu'ils se rattachent plus directement aux beaux-arts, les deux statuettes qui accolaient jadis un christ en ivoire, et le splendide oliphant qui appartient à M. Pinczon du Sel fils.

M. Berny nous a envoyé la belle table du milieu, avec sa mosaïque merveilleuse de marbres rares et antiques, et la ravissante table de jeu Louis XVI.

A M. Reuzé appartient la belle et grande table en chêne sculpté sur laquelle se rangent, à côté de la terre cuite et des dessins d'Houdon, une boîte garnie de cuivres repoussés, à Mme des Nétumières; un coffret en ivoire gravé, fin du XVIe siècle, à M. Bourgeon-Tournatory, et des chinoiseries diverses.

La préfecture d'Ille-et-Vilaine a fourni la grande table garnie de cuivres magnifiques, qui fut jadis, dit-on, le bureau de l'intendant de Bretagne, et que recouvrent des bronzes d'après l'antique : le Laocoon, entre tous, appartenant à l'inépuisable collection de M. Pinczon du Sel; un délicieux déjeuner de Saxe, ayant servi à Mme Du Barry, et qu'expose M. du Haut-Chemin; comme pendant, un autre déjeuner de Sèvres, style du premier Empire, exposé par M. Duret.

Au milieu du panneau où s'ouvrent les deux fenêtres, au-dessous de la plus belle glace de Venise que nous ayons vue, et qu'a donnée M. de la Blanchardière; entre deux chaises qui ont servi à Marie-Antoinette dans les beaux jours de Trianon, et qui appartiennent à Mme Tiberge, se montre un coffret de mariage en bois sculpté et doré, du temps de Louis XIV, et qui est exposé par Mme des Nétumières. Ce beau meuble est flanqué d'un côté par une jolie toilette en laque de Chine, dont Mme de Sévigné a fait usage, et qui appartient à Mme des Nétumières de Bréquigny, et de l'autre côté par un splendide secrétaire également en laque de Chine, envoyé par Mme Pinczon du Sel, et sur la table duquel éclate une gigantesque coquille de nacre appartenant à M. le comte de Limur, dans laquelle les sculpteurs chinois ont exercé leur patience infinie, et qui provient du Palais-d'Été.

Contre la paroi qui fait face à la porte, à côté de deux fauteuils en tapisserie du temps de Henri IV, appartenant à M. Ravenel, et qu'il faut rapprocher par la pensée des chaises Henri III appartenant à M. le marquis de Langle et qui figurent dans la salle voisine, on peut admirer deux bahuts en chêne sculpté, de l'époque de Henri II, et qui sont exposés par M. de Trogoff. Ces bahuts sont surmontés, l'un d'un grand coffre en laque de Chine appartenant aussi à M. de Trogoff, d'un mandarin chinois, statuette à M. l'abbé Houet, et de deux bonzes chinois ou hindous en bronze très-antique, exposés par M. Jean; l'autre, de la jolie statue du Christ enfant, en marbre, à M. le président Taslé, d'une superbe écritoire de boule, à

M. Berny, et d'un beau buvard en laque moderne, à M. du Cosquer.

Au milieu de ce panneau, sur un fort curieux dressoir appartenant à M. Ropartz, est exposée la magnifique collection d'étains appartenant à M. le vicomte de Langle, et qui constitue, dans son ensemble, une des plus grandes curiosités de l'Exposition.

Les panneaux du dressoir, en cèdre entaillé et dessiné à la plume, formaient jadis un coffre de mariage. Une inscription en grec moderne, cachée sous une des moulures, indique que ce meuble, vraiment splendide, a été fabriqué, au XVIe siècle, dans une des îles de l'Archipel. Il vint en Bretagne avec le trousseau en soieries bergamesques d'une riche fiancée : c'était la coutume alors, et l'on retrouve encore, en assez grand nombre, des panneaux isolés et mutilés de coffres semblables, mais d'un travail moins riche, et surtout dans un état de conservation moins parfait.

Les étains de M. le vicomte de Langle mériteraient une description complète, et nous en donnons au moins la nomenclature :

Un plat, signé Bigmunigen; sur la bordure, trois médaillons représentant Annibal, Horatius et Marcus-Curtius; entre chaque médaillon, un sujet : Les travaux d'Hercule, un Triomphe, et Orphée. Date 1562; travail allemand.

Un plat; au centre, le Jugement dernier; légende écrite en allemand : Et alors, il dira aux autres : Allez, vous qui êtes maudits..... Venez, vous qui êtes bénis, dans le royaume de mon Père. Sur la bordure, six sujets de la vie de l'enfant prodigue, séparés par des arabesques et mascarons; ouvrage allemand du XVIe siècle.

Un plat (ou plutôt un bassin); au centre, Sol, Vénus, Mercuri, Luna, Saturna, Jupiter, Mars. Sur la bordure figurent les neuf Muses et les Arts; travail allemand.

Plat (ou plutôt patène); au centre, la Résurrection; sur la bordure, les douze Apôtres, avec leurs attributs séparés par des arabesques.

Aiguière et son bassin, servant aux baptêmes. L'aiguière a 25 c. de hauteur, et le bassin 47 c. de diamètre. Ils sont tous les deux décorés d'ornements gravés à la roulette. L'aiguière est couverte d'arabesques, et la panse est décorée d'un médaillon représentant le baptême de Notre-Seigneur. Le bassin, également décoré d'arabesques, a trois médaillons. Celui du milieu représente un ange portant la croix; un du bord, le baptême de saint Jean, et l'autre, la Vierge avec l'Enfant Jésus; autour de ce dernier est écrit : *Maria mader Dey*.

Une aiguière et son bassin, de 23 c. de hauteur; diamètre, 32 c.

Vidrecome ou vase de corporation, ciselé et gravé à la roulette, travail flamand. Le couvercle est soutenu par un lion qui supporte un écusson aux armes parlantes de la corporation. L'inscription gravée sur la face porte la date de 1654, celle de l'écusson 1655.

Pichet couvert de bas-reliefs, qui représentent la création, la tentation de la femme et l'expulsion du paradis terrestre; le couvercle et la frise sont décorés d'ornements et d'arabesques.

Écuelle de mariage. Le couvercle est orné

de trois médaillons réunis par des arabesques, et de trois griffes de lion, qui permettent de s'en servir comme assiette. Les médaillons qui ornent le couvercle représentent 1° L'autel de l'amour; pour légende : Un seul me suffit. 2° Un vaisseau, une étoile; pour légende : Si je te perds, je suis perdu. 3° L'amour conduit par un chien; pour légende : La fidélité me conduit.

Écuelle sans couvercle. Les anses sont remarquables par leur composition et leur finesse. Cette écuelle est signée Kamm Zingiser, 1708. Une des anses représente sainte Cécile jouant de l'orgue, l'autre personnifie la musique sous les traits d'une grosse flamande charmant les animaux de la création.

Écuelle et son couvercle, décorés d'arabesques au poinçon, de Vitré, 1729, et à la marque du potier d'estain, Pierre Raoul, à Vitré.

Un petit bassin; au centre, les Noces de Cana; diamètre, 20 c.

Une plaque ou plat, diamètre 25 c., couverte sur les deux faces d'écussons et rappels d'armes gravés au burin. Dessus (milieu), La Croix; dessous (milieu), d'Estampes.

Assiette décorée de médaillons en relief, figures équestres, ouvrage allemand du XVIIe siècle; au centre, Ferdinand II, empereur d'Allemagne, couronné à Prague en 1616; dans la bordure, les empereurs d'Allemagne.

Assiette; travail analogue : au centre, Ferdinand III, empereur d'Allemagne en 1637, et dans la bordure les électeurs palatins.

Assiette, travail analogue : au-dessus du médaillon du milieu, G.A.R.S.; dans la bordure, des figures équestres.

Assiette décorée de médaillons en relief; dans la bordure, les électeurs palatins.

Assiette représentant la Résurrection et les figures des douze Apôtres avec leurs attributs.

Assiette; au centre, la Résurrection; dans la bordure, les anges de la Passion.

Assiette représentant le sacrifice de Noë après le déluge, la création de la femme, l'expulsion du Paradis terrestre, la tentation, le fruit défendu; diamètre, 17 c.; date, 1619.

Plat ciselé et gravé à la roulette, prix d'arquebuse (28 décembre 1766); au centre, les armes du corps des arquebusiers et le nom du vainqueur; sur la bordure, le poinçon du même corps.

Un plat à filets et gravé; sur le revers, G R Nurnberg.

Assiette à bordure moresque; diamètre, 21 c.

Assiette avec fleurs; diamètre, 18 c.

Deux plaques, l'une représentant Prudence, Succès, l'autre Récompense, Punition, signées Lorthior fecit an 1805; diamètre, 10 c. sur 12.

Deux cuillers en étain.

La dernière et non la moindre merveille de cette salle est le triptyque fort connu de tous ceux qui s'occupent d'art en Bretagne, et contenant les émaux qui, depuis le XVIe siècle, ornent l'église principale de Vitré. M. le curé de Vitré a bien voulu consentir, beaucoup plus pour les étrangers qui ont fréquenté notre Exposition que pour les amateurs de Rennes qui ont eu plus facilement occasion de visiter Vitré, à nous confier ce meuble précieux. Les émaux représentent la série de l'histoire du Christ, et au dos une série de rimes manuscrites donne le nom du donateur, du serrurier et du menuisier; malheureusement, le nom de l'émailleur est absent :

Donné céans fut ce tableau
Par ung nommé Jehan Bricier,
Qui escripvit ce escripteau
Et le dicta tel que voiez,
La veille de Noel, croiez,
Que l'on disoit mil et cinq cens
Quarante et quatre bien comptez;
Et lui cousta cinquante francs.
Les hystoires qui sont dedens
De Lymouges en apporta,
Et Robert Sarcel, point ne mens,
Le bois tailla et assembla;
Puis maistre Jacques l'étoffa,
Qu'on appelle de Loysonnière.
Mais sçavez-vous qui le ferra?
Fut Jehan Beneard Ragotière.
Si ce dicton vient à lumière,
Vous, Messieurs, qui le trouverez,

Je vous supplie faire prière
Pour les âmes des trespassez
Que Dieu leur vueille pardonner;
Car je vous notifie à tous
Qu'ainsi pour les défunts priez
Tout ainsi l'on prira pour vous.

V

SALLE D.

Archéologie.

§ 1.

Objets destinés au culte.

En entrant dans la dernière des salles, la plus vaste de toutes, l'œil du spectateur, érudit ou illettré, est tout d'abord frappé par les splendeurs du magnifique retable qui s'épanouit sur un des côtés de cette salle, et autour duquel la Commission a très-heureusement groupé tous les objets qui tiennent au culte. Il était juste qu'il en fût ainsi : la religion dominait tout dans le passé de la

Bretagne, qui, au berceau de sa nationalité vivace, vénère toute une pléiade de saints évêques et de saints moines.

Le retable en bois doré, que le goût éclairé de Mgr l'Archevêque de Rennes a permis à la Commission d'exposer, comme pièce principale de son exhibition, est du XVIe siècle, et d'origine belge ou hollandaise. Les relations suivies de nos marins avec les Flandres, la Hollande et les provinces voisines, enrichirent la Bretagne d'une quantité considérable de ces retables, dont on ne retrouve plus, hélas! la trace que dans les vieux inventaires, parce que le mauvais goût du XVIIe et surtout du XVIIIe siècle les a malheureusement remplacés par ces grands bahuts de plâtre ou de bois, dans le style corinthien, ionique ou toscan, qui encombrent encore nos églises, en aveuglant les verrières détruites et en brisant la ligne harmonieuse des ogives.

Le retable de Rennes, l'un des plus riches et des plus remarquables spécimens de cette splendide et gracieuse ornementation qui fit la joie et l'orgueil de nos ancêtres, et dans laquelle ils se plaisaient à témoigner de leur piété magnifique, était placé dans la chapelle de l'ancien hospice de Sainte-Anne. Ce fut sans doute la modestie de cette retraite qui l'y maintint jusqu'au jour où, le culte étant rétabli après la Révolution, l'acquéreur national de l'hospice, voulant convertir définitivement la chapelle en magasin, offrit l'autel au curé de Saint-Aubin. Le curé ne trouva pas de place dans sa trop petite église, et l'évêque du temps, Mgr Enoch, je crois, l'abrita dans une des chapelles de Saint-Melaine, qui servait alors de cathédrale. Quand, un demi-siècle après, la cathédrale fut rouverte, le retable dut quitter sa retraite provisoire de Saint-Melaine, et nous savons que Mgr Saint-Marc a donné des ordres pour que le chef-d'œuvre du XVIe siècle trouve place dans sa métropole, si splendidement et si artistement restaurée. Il n'en sera pas, à coup sûr, le moins riche ornement.

L'ensemble du retable exposé se compose de deux parties très-distinctes : le retable proprement dit, divisé comme un triptyque et assez bien conservé pour que la restauration en soit facile, et un autre bâtis plus étroit, de forme carrée, qui était soit le tombeau de l'autel, soit un corps avancé servant de gradin pour la pose des chandeliers. Cette partie inférieure, trop accessible à la main des vandales, est bien plus incomplète et très-mutilée.

Le retable est divisé en trois parties perpendiculaires par des pinacles très-élégants, et subdivisé horizontalement de manière à présenter deux compartiments dans les parties latérales et trois au centre.

Dans la partie basse du centre, par où il faut commencer, est figuré le Mariage de la Sainte Vierge; à droite, l'Adoration des bergers; à gauche, l'Adoration des Mages; dans l'étage supérieur, à droite, la Circoncision, à gauche, la vie dans le Temple; au centre, la Mort de la Sainte Vierge; en supériorité, l'Assomption. Des centaines de personnages, hauts de deux pieds, entrelacés au milieu des nervures flamboyantes, fouillées comme de la dentelle, sont les acteurs pleins de vie de ces scènes évangéliques.

L'Exposition n'aurait-elle eu d'autre résultat que de mettre en lumière ce morceau hors ligne, et d'assurer sa restauration et son placement définitif dans le principal sanctuaire de la ville, que ce serait à s'en applaudir hautement.

Sur l'autel lui-même s'étale un très-beau triptyque en bois, de l'école allemande et du XVIe siècle, appartenant à M. de la Borderie; à côté, sont suspendus des tableaux religieux, parmi lesquels brille au premier rang un panneau en bois, représentant l'*Adoration des Mages*, fourni également par M. de la Borderie, et qui est une œuvre admirable. Il porte au dos, en majuscules relativement modernes, le nom très-inexactement appliqué d'Albrecht Durer. Deux grandes toiles de l'école italienne, à propos de l'une desquelles, l'*Ecce Homo*, est articulé le nom du Titien, et qui appartiennent à M. Duclos; une *Sainte Famille* italienne, à M. de la Guistière; une Vierge, de l'école de Luini, à M. Martin, maire de Rennes; deux anciennes peintures sur bois, exposées par MM. les prêtres de l'Oratoire, et dont l'une, l'*Adoration des Mages*, offre la singularité d'être dorée en certaines parties; une imitation fort curieuse de la *Vierge à la Chaise* de Raphaël, avec un fond de paysage, appartenant à M. Jobbé-Duval; une tête de saint Jean dans un plat, œuvre de Monnoyer, l'un des décorateurs qui ont si merveilleusement illustré le Palais, et qui était naguère un devant de porte dans un vieil hôtel parlementaire, appartenant à M. le docteur Le Monnier; une Vierge sur un fond de cuir de Cordoue, appartenant à M. Rouault; un devant d'autel, également en cuir de Cordoue, exposé par M. Reuzé; un autre devant d'autel en jais, et l'esquisse originale du tableau du vœu de la ville de Rennes au moment de l'incendie, signé Huguet, et exposés par M. le curé de Saint-Aubin; telles sont les principales, pour l'intérêt traditionnel des procédés ou pour le mérite de l'exécution, parmi les peintures religieuses appendues des deux côtés du retable.

Il faut noter aussi, non pas comme objet d'art, mais comme objet de curiosité, le Christ et la lampe votive, apportés de la ferme de Camiesch, en Crimée, par un de nos plus braves officiers et un de nos plus zélés archéologues, M. le commandant Mowat.

Au milieu de l'autel brille dans toute sa magnificence le colossal calice en vermeil, du XVIe siècle, qui fait l'orgueil de la petite paroisse de Plourach, évêché de Saint-Brieuc. C'est à tort, sans doute, que la tradition locale prononce à propos de ce bijou le nom de la duchesse Anne.

La belle croix processionnelle en argent, que l'on admire au côté droit de l'autel, vient de la paroisse voisine, Locarn, berceau des Quélen, comme Plourach était le berceau des Clévédé. De l'autre côté s'élève la magnifique croix émaillée du chapitre de Rennes, XVIe siècle. Sur l'autel même, deux autres croix processionnelles en cuivre, plus humbles, mais plus antiques d'un grand siècle, ont été exposées par Mme des Nétumières et par M. Ropartz.

Pour ne pas quitter cette trace des croix anciennes, il faut remonter un instant la salle tout entière, et étudier au milieu de reliquaires fort remarquables du XIIIe et du

XVIe siècle, dans la vitrine où M. Ropartz a réuni des objets trop petits pour être exposés sur l'autel, deux christs en bronze de la fin du XIe et de la fin du XIIe siècle. Le plus vieux et le plus informe, qui fut autrefois doré avec un luxe et une solidité que le ruolz ne remplacera jamais, a été trouvé au pied des fourches patibulaires de l'abbaye de Begars; l'autre, que l'on suspendait au cou, a été déterré dans le jardin du presbytère de Brignac, ancien bénéfice de Paimpont.

En revenant à l'autel, nous signalons un beau reliquaire en croix double, provenant de l'abbaye de Saint-Georges, appartenant à M. Reuzé, et une croix orientale en nacre, du XVIe siècle, appartenant à Mme Simon. Il faut joindre à cette belle croix orientale deux miroirs de même provenance, à Mme Martin, et une croix plus petite, également en nacre, et qui figure dans les vitrines de M. Pinczon du Sel.

L'ivoire a fourni son large contingent d'objets pieux. Il convient de noter hors page un instrument de paix exposé par

M. Reuzé, et qui peut être du XIIIe, qui peut être du XVe siècle; trois ou quatre Christs, à M. de Chaigneau, à M. Salmon, à M. Ravenel, à M. de Cintré, qui vont de la fin du XVIe siècle au commencement du XVIIIe; de jolies statuettes de Vierges, à l'hospice de Vitré, à Mme de la Fruglaye et à plusieurs autres exposants dont les noms nous échappent.

La statuaire en bois et en terre cuite est représentée par des statuettes du XVIe au XVIIIe siècle, qui, ni au point de vue de l'art, ni au point de vue de l'iconographie, ne paraissent mériter une mention spéciale. Nous faisons toutefois exception pour deux médaillons microscopiques en bois sculpté, œuvre d'un moine nommé Joanni, ayant appartenu à Rabelais, et exposés par M. Hamel, de Quimperlé.

Des bas-reliefs en bronze, en plastique, en albâtre, représentant des scènes religieuses du XVe, du XVIe et du XVIIe siècle, exposés par MM. Rouault, Ravenel, Rupin, et un charmant reliquaire avec statuette, en cuivre doré, appartenant à M. Aubrée, complètent cette série d'objets de dévotion offerts par les siècles passés à la piété de nos pères.

L'imagerie moderne prend sa revanche dans la vitrerie. L'art de la peinture sur verre, si profondément mis en oubli depuis le XVIIe siècle, est pleinement ressuscité au milieu de nous. M. Fialeix, élève de Sèvres, dont l'importante fabrique est établie près du Mans, nous a envoyé une fort belle verrière représentant l'Immaculée Conception : bien empreinte des meilleures traditions du moyen âge pour l'ornementation architecturale et la répartition des couleurs, cette verrière n'a pas cherché à singer la maigreur naïve et l'attitude trop raide du XIIIe siècle. C'est un fort brillant et fort élégant tableau, qui peut être placé dans la plus élégante cathédrale comme dans la plus pieuse petite chapelle.

M. Gzeel, de Paris, qui sait aussi allier à merveille les traditions du moyen âge et les exigences de l'art moderne, a, de son côté, exposé un petit panneau représentant saint Jean-l'Évangéliste, et qui suffit pour montrer ce qu'il a pu faire et ce qu'il a réellement fait ailleurs.

Nous passons aux ornements sacerdotaux, dont, grâce à la bienveillance de Mgr l'évêque de Saint-Brieuc et Tréguier, l'Exposition de Rennes a pu présenter un spécimen sans rival dans tout l'Ouest : nous voulons parler de la chasuble très-authentique laissée par saint Yves à la paroisse de Lohannec, dont on sait qu'il fut recteur. Cette chasuble, en soie violette lamée d'argent, est très-certainement d'origine orientale. Le dessin, placé obliquement, reproduit invariablement deux griffons affrontés qui n'ont rien d'ecclésiastique. Une belle étoffe étant donnée, avec les nuances liturgiques, le chasublier l'a assemblée sans s'inquiéter de l'ornementation figurée dans le tissu. La forme de la chasuble, complètement différente de nos chasubles modernes, et qui n'est autre que celle d'un sac ouvert, avec un trou au sommet pour passer le col, est aussi très-intéressante. Ce vêtement, vénérable à tant de titres, devait être et a été réellement accueilli avec le plus vif intérêt et le plus unanime respect dans la ville où saint Yves a passé plusieurs années de sa vie, et où il a laissé tant de souvenirs.

A côté de la chasuble de saint Yves est exposée une riche mitre d'abbé du xve siècle. Cette mitre a été envoyée par M. le recteur de Saint-Gildas-de-Rhuis, grâce à la bienveillante intervention de Mgr l'évêque de Vannes; elle appartenait à un abbé de ce célèbre monastère où Abeilard vécut quelque temps, mais non, certes, à saint Gildas lui-même, comme quelques-uns l'ont dit et même, je crois, l'ont écrit.

Il ne faut pas passer sous silence des fragments brodés d'une chasuble et de deux dalmatiques, ainsi qu'une très-jolie bourse de calice, qui datent de la fin du xve ou du commencement du xvie siècle, et qui, provenant de la sacristie de Pleumeur-Bodou, diocèse de Tréguier, appartiennent aujourd'hui à la Société Archéologique d'Ille-et-Vilaine.

Le xviie et le xviiie siècle sont représentés par de très-beaux fragments brodés que les Dames Augustines de l'hospice de Vitré ont bien voulu nous confier, ainsi que les deux burettes en argent, style Louis XIV, et la magnifique guipure qui entoure l'autel.

Il serait injuste d'omettre la bannière de Tréhoranteuc, qui représente la patronne de ce village, sainte Onenne, et à côté d'elle la canne et les cannetons que les traditions ont immortalisés à Montfort, ce qui pourrait donner matière à plus d'une conjecture hagiographique.

Sur ce même autel, enfin, les visiteurs remarquent un très-beau chandelier juif, en cuivre, d'origine orientale, que M. le vicomte de Guébriand a eu l'obligeance de nous envoyer, et qu'il faut rapprocher d'une lampe, également judaïque d'origine, exposée par M. Petit.

§ 2.

Meubles divers. — Instruments de musique. — Armes européennes et exotiques. — Bijoux. — Objets divers.

Avant de passer à l'étude détaillée des

objets préhistoriques de l'âge de la pierre éclatée, de la pierre polie, du bronze et du fer, — de la numismatique, — des chartes et des manuscrits historiés, — des porcelaines et des faïences — qui sont pour la plupart contenues dans des vitrines, et dont nous nous occuperons successivement, il nous paraît convenable de parcourir la salle et de décrire les principaux objets qui la garnissent en dehors des vitrines.

Le beau meuble du XVIIe siècle, à venteaux peints, a été exposé par M. Dubreil Le Breton, qui veut en entreprendre la restauration intelligente. Le grand bahut en chêne du XVIe siècle, qui est tout auprès, appartient à M. Regnault. C'est au-dessus de ce bahut, chargé d'une collection de porte-montres en cuivre et en bois, parmi lesquels il faut noter celui qu'expose M. Hédou, parce qu'il a appartenu à Urbain Grandier; et qui supporte aussi toute la collection d'instruments orientaux familiers aux fumeurs d'opium, et que M. de Limur a curieusement réunis; plus les deux petits coffrets de fer apportés par Mme de Cintré et

M. Ravenel; c'est, dis-je, au-dessus de tout cela que s'échelonne une collection fort curieuse des instruments de musique en usage dans le siècle dernier, et auxquels les perfectionnements de notre âge ont absolument substitué le piano. Voilà d'abord le clavecin rudimentaire qui remonte au XVIIe siècle. Le curieux spécimen qu'expose M. Fiquemont, facteur d'orgues, est signé par Andreas Rukers, d'Anvers; puis vient l'épinette portative du XVIIIe siècle, exposée par M. Duret; la viole de basse, appartenant au même collectionneur; la guitare mandoline à quinze cordes, de M. Decombe; la petite mandoline italiennne, de M. Duval; une vielle; plus deux lyres, qu'embrassaient de leurs bras nus les beautés pseudo-grecques du Directoire.

Cedant arma togæ. Avant d'aborder les panoplies, inclinons-nous devant ce vieil exemplaire manuscrit de la Très-Ancienne Coutume de Bretagne, qu'expose M. Dubreil Le Breton, et devant le tabouret semé de fleurs-de-lis et d'hermines, seul exemplaire conservé des siéges non-soporifiques sans dossier ni accoudoirs, où s'asseyaient les conseillers du Parlement.

La panoplie d'armes anciennes et de luxe collectionnées par M. Grivart est de nature à frapper beaucoup l'attention. Une paire d'armures complètes de lansquenets; une arbalète à rouet, deux très-riches mousquetons avec incrustations d'ivoire et de nacre; le tout d'origine hispano-hollandaise et du XVIe siècle; des fusils, des étriers, des pistolets du XVIIIe siècle et d'origine française, forment un ensemble à la fois de vrai luxe et de vraie curiosité.

Deux belles épées, exposées par M. Chabert-Pujol, et des couteaux de chasse richement ornés sont à rapprocher de la panoplie européenne, ainsi que les spécimens d'étriers et le tire-bourre très-ancien que nous ont adressés d'une part M. Courtois, et d'autre part M. de Bréhier, qui a joint à ses débris de vieilles armures de fort curieux échantillons de briques historiées, recueillis en divers châteaux de la Loire-Inférieure et du Morbihan.

L'armurerie orientale présente des spécimens très-importants et d'un luxe à remplir vingt pages des *Mille et une Nuits*. Un groupe de fusils arabes à incrustations de corail et d'argent, emportés par le maréchal de Bourmont de l'arsenal du dey d'Alger, et exposés par M. le marquis de Langle; un splendide trophée de même nature, ayant appartenu à M. le général Rapatel, où les yatagans se mêlent aux fusils, et que veut bien exposer M. Hue; d'autres armes orientales exposées par M. le marquis des Nétumières, M. le vicomte de Guébriand et M. Carlier, forment un ensemble vraiment éblouissant et qui témoigne bien haut de la part que la Bretagne a toujours prise, et de fait et de cœur, aux gloires de la France.

Le courage aventureux qui peuple de marins toutes les côtes bretonnes, et le courage égal qui sème sur les côtes étrangères nos prêtres et nos frères de l'instruction chrétienne, est attesté non moins hautement par la très-curieuse panoplie formée des armes de chasse ou de guerre dont se servent les sauvages du Nouveau-Monde et les peuplades de l'extrême Orient.

Ceux qui peuvent contempler ce multiple trophée, parfaitement et très-pittoresquement suspendu dans un des plus grands panneaux de la salle, comprendront à merveille qu'il soit impossible, à tous les points de vue, d'entrer dans le détail, et que la Commission doive se borner à adresser ses remerciements à MM. les Frères de Ploërmel, Hédou, Sacher et Decombe, qui nous ont principalement fourni les centaines d'objets dont la panoplie exotique se compose.

Des armes blanches et des armes à feu, peut-on passer sans autre transition aux ustensiles de foyer? Nous avons, à côté d'une collection de sandales et de pantoufles exotiques, une paire de landiers en fer, Louis XIII, et une paire de chenets en cuivre, Louis XVI, exposés par M. Rigault; une plaque de cheminée armoriée des armes d'un évêque (Paimpont a produit de ces plaques par centaines), et un trépied en fer du XVIIe siècle, exposés par M. Aubrée.

M. Aubrée nous a donné encore une très-belle vasque en cuivre, qui figure au milieu de trois bassins arabes, dont deux ont été envoyés par M. de Grétry, et le troisième par M. le vicomte de Guébriand.

Au foyer se rattache bien encore le charmant écran, en vieille tapisserie de Beauvais, qu'expose M. Rouault.

Nous avons parlé ailleurs de la vaisselle d'argent de M. le marquis de Langle, de la vaisselle d'étain de M. le vicomte de Langle; nous parlerons ultérieurement de la vaisselle en porcelaine et en faïence; allons tout droit à deux couteaux de vermeil qui ont appartenu à Mme de Sévigné, et qu'expose M. Raymond des Nétumières; à deux ravissants coquetiers en vermeil émaillé qu'expose M. de Guébriand; aux coquetiers orientaux émaillés que M. de Limur juxtapose à une coupe de même origine; au couvert bourgeois d'argent, et à la cuiller plébéienne de cuivre que M. Ropartz place à côté d'une ravissante fourchette à épices de la fin du XVIe siècle.

A propos d'épices, il ne faut pas omettre deux garnitures de table, moutardiers et salières, l'une en verre bleu, Louis XV, exposée par Mme Benoist, l'autre en verre blanc, Louis XVI, exposée par M. André.

Auprès de deux séries de cinq verres concentriques, en usage chez nos pères, dont l'une vient de Bohême et l'autre de Venise, et qu'expose Mme Blondon, il convient de ne pas omettre un verre gigantesque, offert avec plus ou moins de solennité, je ne sais dans quelle circonstance, à un huissier du Parlement de Bretagne en 1785, et une série concentrique de cinq gobelets en corne qu'envoie M. l'abbé Chasseboeuf.

Il est impossible de ne pas remarquer la complète collection d'anciens plats à barbe recueillie par M. Roussin, coiffeur à Fougères; c'est aussi une panoplie, qui eût fait le bonheur de Sancho.

Au milieu des bijoux de diverses époques et de diverses natures qui sont agglomérés dans trois ou quatre des vitrines, et qui comprennent les beaux étuis de Mme de Cintré, de Mme Lessard, et de nombreux joyaux de tout âge et de toute provenance, l'œil est attiré par une curieuse série de montres antiques, sur le détail desquelles il nous est impossible d'insister. M. Sacher de Launay et M. Foucqueron ont fourni les plus curieuses et les plus riches parmi ces montres.

M. Berny a exposé une charmante pendule Louis XVI placée sur une fort belle armoire Louis XIII exposée par Mme Pontallié, en même temps qu'un fort beau baromètre du XVIIe siècle.

M. le marquis de Langle est propriétaire de la magnifique horloge Louis XIII, avec incrustations, qui sépare les vitrines consacrées à la porcelaine, et dans lesquelles le visiteur n'oubliera pas deux jeux d'échecs modernes, l'un de fabrique courante, exposé par M. Isambaud, l'autre de très-grand luxe, envoyé par M. de Guébriand, mais qui n'efface pas le grand échiquier ancien, exposé par M. Esquieu; non plus que des coffrets orientaux et chinois, près desquels les deux cordons brodés et ornés de miniatures modernes, par Mlle Vassal, ne perdent rien de leur éclat.

Nous terminons cet aperçu général en disant un mot des étoffes anciennes ou étrangères, dont M. Rouault a réuni de nombreux et curieux fragments, et des grandes tapisseries qui entourent la salle et garnissent les portières. Ces tentures proviennent des fabriques célèbres d'Aubusson, de Beauvais et autres, et appartiennent à M. Le Guen, à M. Guedeu, à la fabrique de Saint-Sauveur de Rennes, et à Mme Couard, qui revendique spécialement la très-intéressante garniture de lit Louis XIII, brodée à la main, et qui a été convertie momentanément en portière de la salle d'archéologie.

§ 3.

Temps pré-historiques. — Découvertes au Mont-Dol.

C'est à l'Exposition archéologique de Rennes que le public aura pu voir pour la première fois un spécimen très-bien choisi des résultats des fouilles que M. Sirodot, l'habile professeur de la Faculté des Sciences, dirigé lui-même au Mont-Dol. Le meilleur commentaire de cette curieuse exhibition est à coup sûr le Mémoire sommaire que M. Sirodot lui-même adressait le 5 août dernier à l'Académie des Sciences :

« J'ai l'honneur de communiquer à l'Académie les résultats généraux de fouilles exécutées au Mont-Dol, pour rechercher la disposition, l'étendue et la nature d'un dépôt osseux qui me paraît avoir une importance digne de fixer l'attention du monde savant.

« Au milieu des marais de Dol, le Tertre, comme on l'appelle dans le pays, est un monticule isolé, à basse sensiblement circulaire, d'une hauteur de 65 mètres au-dessus du niveau de la mer, dont il n'est séparé que par une distance d'environ 5 kilomètres. Il est formé d'un massif granitique, traversé, du Nord au Sud, par un filon de diorite, et d'un petit banc de schiste azoïque, appuyé contre le versant Sud avec une inclinaison du Nord-Ouest au Sud-Est; à l'Est et au Nord, les flancs sont constitués par des escarpements verticaux, mais la pente s'adoucit au Sud-Ouest, et c'est par le côté Sud seulement que la plate-forme est d'un accès facile. Le versant Sud est séparé des escarpements de l'Est par une forte arête d'un granit blanc qui passe à la leptinite. Cette arête est le point de départ de six bancs parallèles d'un granit plus ou moins coloré, dirigés du Nord au Sud, contigus, mais séparés par des murs presque verticaux et composés d'assises superposées, avec une inclinaison du Nord-Est au Sud-Ouest.

« C'est au pied de ces glacis, abrités contre les vents du Nord et de l'Est, que se trouve le dépôt osseux dont la découverte vient d'être faite.

« Mon attention ayant été éveillée par la découverte fortuite de quelques ossements attribués à des baleines et mis à nu dans une tranchée pratiquée par M. Lebreton, je me rendis sur les lieux le 19 mai. Après une journée de recherches dans la partie du dépôt osseux qui apparaissait sur le côté gauche de la tranchée, j'avais acquis la conviction que le Mont-Dol recélait des matériaux suffisants pour rétablir une page de l'histoire de l'homme aux époques préhistoriques. M. Mouton, ingénieur du chemin de fer de l'Ouest, s'intéressa vivement à mes espérances, qu'il ne tarda pas à partager. Il voulut bien se charger de faire exécuter les premiers sondages. Le 12 juin, je me mis à la tête d'une équipe de travailleurs, qui a fonctionné jusqu'à ce jour sans interruption.

« Les débris recueillis jusqu'à aujourd'hui dans cette station sont considérables; ils remplissent vingt-trois caisses. Ils se composent : de dents, d'os généralement brisés, de fragments d'os plus ou moins calcinés et de cendres; de silex en rognons, en éclats et en couteaux; de cailloux roulés, de grès et de quartzite étrangers à la région, ayant servi à la fabrication de haches et de coins. Les dents doivent être rapportées aux genres : *Elephas*, *Equus*, *Bos* et autres genres de ruminants de plus petite taille; *Rhynoceros*, *Sus*, *Ursus* et divers genres de carnassiers, dont la détermination demande un plus sérieux examen. Trois de ces genres dominent et se font remarquer par la fréquence de jeunes animaux; ce sont les genres *Equus*, *Bos* et *Elephas*. Il a été déjà extrait, dans un état de conservation très-variable, plus de cent cinquante molaires d'éléphant de toute taille.

« Les os sont généralement brisés, à l'exception des os courts des extrémités des membres, dont l'intégrité contraste singulièrement avec l'état des os longs, tous brisés. Il est important de faire remarquer que, tandis que les extrémités articulaires des os longs se présentent avec une conservation surprenante, il n'existe pas une seule diaphyse dont les fragments n'accusent une cassure dans le sens de la longueur.

« Les fragments d'os plus ou moins complètement calcinés, disséminés dans la région supérieure du dépôt, se sont trouvés, sur quelques points, mélangés à des cendres en quantité telle qu'il a été possible d'en recueillir plus de 25 kilogrammes.

« Les silex, complètement étrangers à la région, caractérisent le dépôt au même titre que les cendres : quelques-uns sont entiers, beaucoup se présentent sous la forme de nodules dont on a enlevé des éclats sur toutes les faces, la grande généralité sous forme d'éclats bruts ou dont le tranchant a été régularisé par des retailles. L'un de ces éclats, en forme de couteau, a de très-remarquables dimensions.

« Une hache en grès, dont le tranchant a été obtenu par éclats, a attiré mon attention sur des cailloux roulés d'une roche identique, dont l'analogie avec les grès d'Erqui (Côtes-du-Nord) est frappante.

« Enfin, quelques fragments de quartzite, en forme de coin, doivent être également signalés, parce qu'ils sont étrangers à la localité.

« La coexistence de l'homme et de ces débris est incontestable : le feu, les instruments de pierre en sont des preuves suffisantes. Mais il est possible, je crois, d'aller plus loin et d'indiquer la participation directe qu'il a prise à leur accumulation. Les nombreux fragments d'os brûlés, rapprochés de cette circonstance que les grandes espèces animales, les éléphants, les rhinocéros, sont généralement représentées par des animaux jeunes, me portent à considérer le dépôt osseux du Mont-Dol comme représentant des *débris de cuisine.* »

§ 4.

Temps pré-historiques. — Pierre éclatée, pierre polie. — Bronze.

Après avoir présenté dans un spécimen vraiment gigantesque les débris d'une *cuisine* pré-historique, l'Exposition de Rennes, exceptionnellement riche sous ce rapport, permet de faire d'un coup-d'œil l'application des divisions que la science moderne a cru devoir adopter pour les antiquités dites celtiques, et que semblent justifier les faits nouveaux à mesure qu'ils se révèlent.

L'ordre établi pour ces premières ébauches de l'industrie les partage en trois groupes distincts, que les érudits appellent : l'âge de la pierre éclatée, l'âge de la pierre polie et l'âge du bronze.

La collection de M. Marie Rouault, toute

ou presque toute recueillie sur le sol de la Bretagne, offre les trois âges réunis. Avant de passer aux pierres et aux bronzes, disons un mot des spécimens d'ossements auxquels l'exhibition de M. Sirodot donne une importance toute actuelle. A la date de juillet 1858, M. Rouault écrivait à l'Académie des Sciences :

« L'installation du musée géologique de Rennes, dont la fondation m'a été confiée, ne saurait se faire attendre longtemps désormais. Établi en vue d'être utile à la science comme à l'industrie et de faire connaître en particulier, sous ces rapports, les ressources du pays, ce musée m'a fait sortir dans ce but du cercle de mes études ordinaires. En dehors des terrains sédimentaires constituant le bassin silurien de l'Ouest, objet unique de mes études jusqu'à ces dernières années, j'ai dû, par suite de cette mission nouvelle, étendre mes recherches à tous les terrains de la contrée.

« Les terrains sédimentaires, autres que les terrains paléozoïques, qui concourent à former notre sol, sont peu variés, et ceux qui s'y rencontrent n'y sont représentés que par quelques lambeaux d'une puissance toujours faible. Je n'entretiendrai point aujourd'hui l'Académie du parallèle que j'établis entre la faune de cette région et celle des autres bassins avec lesquels j'ai pu la mettre en rapport. Seulement j'aurai l'honneur d'appeler son attention sur les restes de vertébrés qui en dépendent. A cette série, j'ai ajouté d'autres débris d'animaux de la même classe, mais provenant des autres terrains de la contrée, et dont la découverte ne laissera pas que d'intéresser le monde savant. Cette série se rapporte donc à trois terrains différents : au terrain quaternaire, au terrain tertiaire et au terrain paléozoïque.

« La question des animaux vertébrés, appliquée à l'étude des terrains anciens, est aujourd'hui, comme on le sait, une de celles qui fixent le plus l'attention des géologues; mais la rareté des débris d'animaux de cette classe dans ces terrains est telle, que plusieurs des bassins siluriens connus pour leur richesse paléontologique n'en ont point encore pu fournir, et jusqu'aujourd'hui le bassin silurien de l'Ouest de la France était du nombre de ces derniers. Je suis heureux de pouvoir dire que son silence sur cette question importante vient d'avoir un terme.

Terrain quaternaire.

« CARNASSIERS. — *Meles taxus*, Scheh., d'après une tête entière trouvée dans l'argile rouge qui repose sur le calcaire tertiaire de Le Quiou, près Saint-Juvat.

« PROBOSCIDIENS. — *Elephas primigenius*, Blum, d'après une portion du côté gauche du bassin, argile rouge sur le calcaire à Saint-Juvat, près Dinan.

« PACHYDERMES. — *Equus caballus* fossillis, d'après un *calcaneum* qui, avec de très-grandes dimensions, se fait remarquer : 1° par une largeur relative considérable ; 2° par la facette cuboïdienne qui est nettement divisée en deux facettes établies sur deux plans différents. Argile rouge de Saint-Juvat. »

Quant aux pierres et aux bronzes, la collection de M. Rouault renferme quatre-vingt-deux spécimens, qui se divisent ainsi : trente-deux se rapportent à l'âge de la pierre éclatée, quinze à l'âge de la pierre polie et quatorze à l'âge du bronze. Les trente-deux spécimens de la pierre éclatée sont des silex taillés, savoir : un en *pierre ébauchée*, quatre en *pierre altérée*, cinq en *pierre calcinée*, un taillé en *fer de lance*, seize en *pointes de flèches*, deux en *grattoirs* et trois en *couteaux*.

Dans cette importante collection, sur les détails de laquelle nous n'insistons pas en ce qui concerne les pierres polies, les bronzes et les fers trouvés pour la plupart, comme ceux de M. Godefroy, dans la Vilaine où les terrains environnants, il faut remarquer dix-huit cabochons, dont neuf cornalines gravées représentant diverses figures, telles que un coq, un cavalier gaulois, des fleurs de verveine, un génie ailé, etc.

La collection de M. Daujou est certainement la plus riche de l'Exposition, tant par le nombre que par la valeur des objets qu'elle renferme. Cette collection, vraiment complète, renferme, à côté de très-nombreux objets pré-historiques recueillis dans les points les plus éloignés du vieux monde, des types fort précieux d'armes et objets similaires encore nantis de leurs manches et autres accessoires, et récemment apportés de l'Océanie ou du Mexique. Le Périgord, la Touraine, la Bourgogne, l'Ile-de-France, Paris, Lyon, Reims, Amiens, les habitations lacustres de la Suisse, ont été mis à contribution comme Pontivy, Saint-Coulomb, Dinan, Roz-Landrieux, Combourg, Bourg-des-Comptes, Fougères et autres localités bretonnes, et comme l'Océanie et le Mexique.

M. le comte de Limur a suivi le même système pour ses échantillons de pierre éclatée : à côté des pièces trouvées en Bretagne se voient les spécimens similaires importés des pays étrangers, et même un bloc brut de jade, venu des montagnes du Thibet, et qu'il est on ne peut plus intéressant de rapprocher des *celtæ* exhumées des tombes armoricaines.

M. Gaultier du Mottay procède tout autrement. Toutes les pièces de pierre polie ou de bronze qu'il a bien voulu nous envoyer proviennent du sol des Côtes-du-Nord. Si les pièces de pierre polie sont inférieures comme taille aux incomparables celtæ que nous offre la Société Polymathique du Morbihan, les pièces de bronze, très-variées de forme et dans le meilleur état de conservation, constituent une des plus belles collections qu'il soit possible de réunir. Il y a là un poignard gaulois à faire envie au conservateur du musée de Saint-Germain, et près duquel néanmoins on admire encore la belle framée de bronze exposée dans les vitrines de M. Pinczon du Sel, par M. de Trogoff, qui l'a trouvée sur les bords de la rivière d'Aff, à la limite du Morbihan et de l'Ille-et-Vilaine.

Le Morbihan est la terre privilégiée des celtæ; nous possédons à l'Exposition trois collections fort riches provenant du Morbihan.

La Société Polymathique de Vannes a bien voulu nous confier les merveilleux résultats de ses fouilles à Carnac. Pour la dimension des celtæ, pour la richesse exceptionnelle des pierres très-rares qui ont servi tant aux celtæ qu'au collier princier qui étale ses quatre-vingt-dix-sept grains de callaïs au milieu de la vitrine, l'exhibition du musée de Vannes est sans égale.

Mme Le Bail, de Plouharnel, nous a envoyé un grand panneau où sont rangées une

5

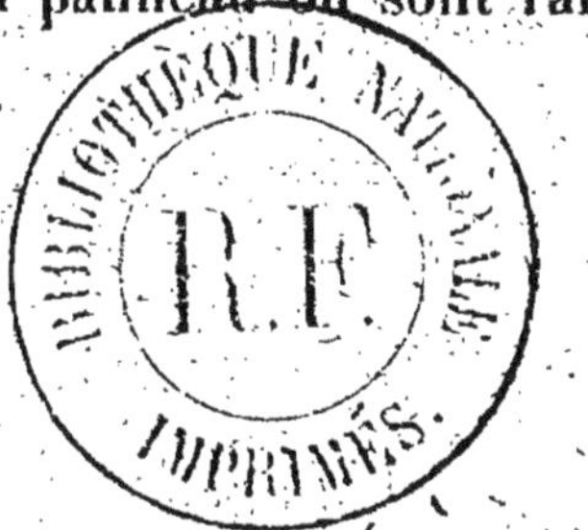

cinquantaine de celtæ de grandeurs diverses, et qui présentent un grand intérêt par la diversité non seulement de la taille, mais aussi de la forme et de la nature des roches. La réputation des belles collections de Mme Le Bail n'est plus à faire. Ces collections, commencées dans le pays classique des celtæ, à une époque où ces pierres n'étaient recueillies que pour servir à aiguiser les faulx, sont connues de tous ceux qui s'occupent des antiquités nationales.

La collection de Mme Le Bail nous amène à celle de M. Jules Aubrée, aussi de provenance exclusivement morbihannaise. Elle forme une très-intéressante panoplie de vingt-sept pièces, dont cinq appartiennent à l'âge de la pierre éclatée, et vingt-deux à l'âge de la pierre polie. Parmi les premières on doit citer deux pointes de flèches très-belles, et un couteau en silex d'une parfaite conservation. Au milieu des celtæ, on remarque une sorte de hache, paraissant en diorite, de forme arquée, et percée d'un trou au milieu. Ces pièces sont d'une grande valeur.

§ 5.

Numismatique.

M. André a exposé un carton de monnaies d'or du bas-empire romain. Frappé à la taille de 72 à la livre de XII onces, le sol d'or, droit de poids et de titre, peut servir à la fois de poids et de monnaie, et c'est par lui, comme étalon, qu'on a pu établir la consistance de la livre romaine.

Les Français, sous la première race, conservèrent le même système; ce que montrent les tiers de sol exposés par M. Lecoq. Mais sous la troisième race prévaut la livre de XVI onces; ce que fait voir le carton de monnaies capétiennes en or exposé par M. André. On peut suivre ici tous nos changements monétaires dans le module et dans le type.

M. Lecoq a exhibé un carton contenant une belle collection des monnaies d'or frappées par les ducs de Bretagne. Ce sont, en général, des imitations des monnaies des rois de France.

Toutes ces différentes suites d'or sont aussi remarquables par le prix de la matière que par le fini du travail et l'intégrité de la conservation. C'est le privilége de l'or que cette inaltérabilité qui le préserve des injures du temps.

Après la réunion du duché de Bretagne au royaume de France, les ateliers de Rennes et de Nantes continuèrent de fonctionner pour la royauté. M. André a ajouté, en argent, une série d'écus et de petits écus frappés dans ces ateliers, ainsi que des jetons des États de Bretagne et des jetons municipaux de la ville de Rennes. Quelques belles médailles commémoratives, à sujets bretons, en bronze, ont également été exposées par MM. Ropartz et André.

M. Dubreuil a aussi déposé une suite variée gauloise, romaine, française et bretonne.

§ 6.

Paléographie. — Miniatures. — Incunables.

La paléographie et la sigillographie ont fait leur apparition, pour la première fois peut-être en province, dans notre Exposition.

En réclamant, dans ce but, le concours de M. Édouard Quesnet, la Commission savait d'avance que ses intentions seraient parfaitement remplies. Notre archiviste a su mettre, en effet, sous les yeux de nos visiteurs, une précieuse collection de titres diplomatiques, remarquables par leur antiquité, la beauté des types, la magnificence des sceaux, et rappelant, en outre, des personnages ou des faits dont nos annales bretonnes sont fières, à bon droit.

Pour faire apprécier convenablement la valeur et l'intérêt de cette riche exhibition, il faudrait avoir toute la science de Mabillon. Il nous suffira de dire que la paléographie, qui a tant d'affinités avec toutes les branches de l'archéologie, ne comprend pas seulement, comme son étymologie semblerait l'indiquer, la connaissance des anciennes écritures, elle embrasse aussi la chronologie, le comput ecclésiastique, la philologie et l'étude des langues vulgaires et latine du moyen-âge, la nomenclature des diplômes ou chartes, les formules employées dans les actes suivant les temps et le caractère de ceux qui les ont souscrits. Enfin, la sigillographie ou description des sceaux est également du domaine de la paléographie proprement dite par ses inscriptions ou légendes, et tient à la science héraldique par ses emblèmes et armoiries.

Telle est la nomenclature des différents genres d'études auxquelles se prêtent les chartes qui ont été exposées, et dont on trouvera l'analyse dans notre Catalogue sommaire.

La plus ancienne est de 1084; c'est un accord passé entre les moines de Marmoutiers et ceux de Saint-Florent d'Angers, au sujet des églises de Sens, Antrain et Fougères. Cet acte, antérieur à la première croisade, est tracé à la pointe sèche du compas, la mine de plomb n'ayant été employée à cet usage que bien rarement avant le XIIIe siècle.

On n'a pas été sans remarquer une bulle du pape Pachal II, confirmant, en 1112, une donation faite aux moines de Saint-Martin de Tours (Marmoutiers), par Alain Cagnard, comte de Cornouailles, Hermangarde, son épouse, et leurs deux fils. On reconnaît que cet acte pontifical est une grande bulle, parce qu'au lieu d'être terminé par la date du lieu, du jour, du mois et de l'indiction, sa conclusion est : *Datum Lateranensi per manum Johannis sanctæ Romanæ ecclesiæ diaconi cardinalis ac bibliothecari*, etc.

La charte-partie ou chirographe endenté qui figure dans le même compartiment est une des plus anciennes de celles qui peuvent encore exister en Bretagne, Mabillon, dans le cours de ses recherches, n'en ayant pas trouvé d'antérieures à 1106 : c'est un échange contracté, en 1184, entre l'abbesse de Saint-Georges et un nommé Raginaldus Crochon.

Un accord passé, en 1200, entre Guillaume d'Aubigné et le prieur de Saint-Sauveur-des-Landes, offre un exemple complet d'un chirographe dont les deux parties, par un rare effet du hasard, se trouvent aujourd'hui réunies.

Bien que les sceaux datent de la plus haute antiquité, ainsi que l'atteste le passage suivant de la Bible : *Scripsit itaque litteras ex nomine Achab et signavit annulo ejus,* » il n'en est pas moins établi que ce fut pour suppléer à leur emploi que, dès le IXe siècle, les charte-parties prirent naissance et se répandirent en Angleterre, d'où elles s'introduisirent en France deux siècles plus tard.

L'attention doit être attirée sur une charte de 1283, munie de treize petits sceaux, relative à l'arbitrage de plusieurs seigneurs et bourgeois de Lannion chargés de faire l'assiette d'une rente de 150 livres due au duc de Bretagne par Morvan Kelennec. Parmi ces treize sceaux, quatre appartiennent à des chevaliers, cinq à des écuyers et quatre à des bourgeois. Les écus de ces derniers sont chargés : l'un d'un dextrochère portant un faucon sur le poing, le second d'une rosace, le troisième d'un château, le quatrième est altéré.

On voit donc qu'en Bretagne, ainsi que cela a eu lieu du XIIIe au XVIe siècle dans les autres provinces, certains bourgeois, comme les gentilshommes, avaient des sceaux et des armoiries. Il resterait à examiner si cette distinction ne résulterait pas pour eux de ce qu'ils étaient possesseurs de fiefs, autrement dire de terres nobles, attendu qu'antérieurement à la publication de l'édit de Blois, en 1579, la terre noble conférait la noblesse au roturier qui en était détenteur par héritage, mais seulement après trois générations.

Une charte de 1289, par laquelle Maurice de Craon, seigneur de Sablé, se désiste de la propriété de la ville et du château de Ploërmel, enlevée à Amaury, son ancêtre, par Pierre Mauclerc, supporte un magnifique sceau équestre : l'écu et le caparaçon sont lozangés; la légende porte : *Sigillum Mauricii senescalis Andegavie, Credonnie et...*

La constitution du douaire de Blanche de Navarre, en 1263, par Jean Ier, son mari, est un de nos plus anciens titres écrits en français. Il est porteur de trois sceaux de cire blanche sur double queue : 1° sceau équestre du duc; écu et caparaçon échiquetés; 2° sceau de Blanche de Navarre représentée debout, tenant un bâton fleurdelisé dans la main droite; 3° sceau de leur fils

5*

Jean, *primogenitus*, dit l'inscription. Il ne reste que la queue en parchemin du quatrième sceau, qui devait être celui de Pierre.

Aux lettres-patentes de 1268, écrites en français, par lesquelles Henri III d'Angleterre restitue le comté de Richemont au duc de Bretagne, Jean-le-Roux, est suspendu par des lacs de soie, rouge et verte, un sceau très-endommagé, mais sur lequel on reconnaît encore un roi assis, tenant dans sa main droite un bâton royal. Sur le contre-sceau, qui a les proportions d'un grand sceau équestre, le roi est sur un cheval au pas ou au trot.

Qui n'a conservé le souvenir de ces grands sceaux des rois de France, à l'aspect bronzé, reposant majestueusement sur les diplômes auxquels ils sont attachés par des lacs de soie rouge et verte?

C'est d'abord celui de Philippe-le-Bel appendu à la magnifique charte ratifiant, en 1292, le mariage de Marie de Bretagne avec le comte de Saint-Pol. Le roi est représenté la tête couronnée, les cheveux tombant presque sur les épaules; il est assis sur un trône orné de têtes et de pieds de lions, tenant dans la main droite un sceptre qui se termine par une fleur-de-lis, comme le bâton royal qu'il tient de la main gauche. Pour légende : *Philippus Dei gracia Francorum rex.* Au contre-sceau : un écu portant dix fleurs-de-lis posées 4, 3, 2 et 1.

Tous les sceaux de nos rois se ressemblent, à quelques variantes près; nous pensons qu'il n'est pas nécessaire de décrire ici chacun d'eux. Nous ferons remarquer que c'est sur celui de Charles V que l'on voit pour la première fois au contre-sceau l'écu de France surmonté d'une couronne.

Deux magnifiques sceaux du duc Jean IV ont également été mis sous les yeux du public. La perfection de leur gravure ne le cède en rien à ceux des souverains français. Voici la description de celui attaché à l'acte de constitution d'une rente de 400 livres faite par Jean IV en faveur de la collégiale d'Auray : Sceau équestre du diamètre de 95 millimètres, écu et caparaçon semés d'hermines, sur un champ ouvragé; pour légende : *Sigillum Johannis ducis Britannie, comitis Montisfortis et Richemondie.*

Deux bulles sont aussi offertes à l'attention des visiteurs : l'une, de 1386, est de Clément VII, considéré, en son temps, par l'Église française, comme pape, mais depuis mis au nombre des anti-papes : ce sont les dispenses du mariage de Jean IV avec Jeanne de Navarre. La seconde, de 1479, est de Sixte IV. Les sceaux en plomb, ordinairement suspendus par des lacs de lin, le sont par des lacs de soie, par égard sans doute pour ceux à qui ces bulles étaient destinées.

On a pu remarquer encore une superbe charte de Philippe-le-Hardi, duc de Bourgogne, relative à l'arbitrage dont ce prince fut chargé, en 1394, par Charles VI, pour mettre fin à la guerre entre le duc de Bretagne, Clisson et le comte de Penthièvre. Ce parchemin a deux mètres de hauteur. Des six sceaux du secret qu'il portait, il n'en reste plus que trois, suspendus, comme le grand sceau ci-après décrit, par des lacs de soie rouge et verte : Sceau équestre de 110 millimètres de diamètre; le duc porte un heaume cimé d'une fleur-de-lis; son bouclier ou écu est écartelé de Flandre, d'Artois, de Bourgogne-comté et de Rethel; le champ est fretté et chargé de quatre écus aux mêmes armes que l'écartelé. La légende porte : *Sigillum Philippi filii regis Francie, duc Burgundie, comitis Flandrie, Arthesii et Burgundie palatini, domini de Salinis, comitis Regitestensis et domini de Malinis.*

Le contre-scel, comme les trois sceaux du secret, reproduit les caractères héraldiques du grand sceau. On y voit de plus, dans le champ, les lettres P.M : M.P. initiales du duc Philippe et de Marguerite de Flandre son épouse.

Les archives de Piré ont prêté à cette Exposition le concours de leurs richesses : ce sont d'abord les provisions de grand échanson de Charles VII, obtenues en 1446 par Jean de Rosnyvinen en faveur de Guillaume, son neveu, qui lui succéda aussi dans la charge de réformateur des eaux et forêts de France.

Ce dernier reçut du roi, en 1457, la capitainerie de Vire en remplacement du comte de Richemont, devenu duc de Bretagne à la mort de Pierre II, son neveu. C'est donc au séjour de Guillaume de Rosnyvinen en Normandie qu'il faut attribuer les lettres de garde-noble qui lui furent accordées, en 1470, et au bas desquelles on a vu la signature de Louis XI, car, dès 1275, le droit de rachat avait remplacé en Bretagne le droit de garde-noble, conférant, suivant la coutume de Normandie, la tutelle des mineurs au roi ou aux seigneurs de fiefs, à la charge de les entretenir selon leur qualité.

Cette collection de titres authentiques a été on ne peut plus favorablement accueillie par les visiteurs, qui n'oublieront ni la lettre autographe d'Henri IV, si obligeamment mise à notre disposition par M. le comte Du Dezerseul, ni l'émouvant rapprochement des autographes de la reine Marie-Antoinette et de la princesse de Lamballe.

En passant de la vitrine 13 à celle 15, on voit un cadre renfermant la grande charte de Henri de Transtamare, conférant à Bertrand Du Guesclin le duché de Molina (4 mai 1339). Ce précieux document, qui appartient à la bibliothèque de Rennes, a été publié en 1870 par notre savant confrère, M. André, conseiller à la Cour, qui en a fait ainsi la description :

« Ce titre est enrichi, au commencement, par une vignette initiale, or et couleur, représentant le monogramme du Christ, accosté de l'A et de l'Ω; au bas se trouvent les signatures autographes du roi et de la reine; puis est peint en couleur le grand sceau de la chancellerie royale, et, après l'énonciation des grands seigneurs ecclésiastiques et laïques qui servent de témoins, la charte est repliée pour laisser pendre, par des lacs de soie blanche, verte et rouge, le grand sceau de plomb de Castille et de Léon. »

Sur un pupitre placé près de cette charte se trouve la *Légende dorée*, traduction française de la Vie des Saints. Ce manuscrit, in-f° à deux colonnes, appartient aussi à la bibliothèque de la ville. Il est orné de 159 miniatures, représentant le genre de mort subie par chacun des saints dont la vie a été retracée dans cette légende, composée en latin, au XIIIe siècle, par Jacques de Voragine, religieux dominicain, mort archevêque de Gênes.

Dans le premier compartiment de la vitrine à laquelle nous arrivons, auprès de jolis dessins cochinchinois et hindous, et à côté de très-singuliers calendriers du XVIe siècle, l'un original et les deux autres fidèlement copiés par M. de Bréhier, se trouvent les manuscrits à miniatures, parmi lesquels cinq livres d'heures appartenant à la bibliothèque de Rennes, et qui ont été décrits par M. Maillet, en 1837, dans le Catalogue des manuscrits de cet établissement.

Le premier fut fait, assure-t-on, pour la duchesse Anne; il appartenait, au siècle dernier, au président de Robien. Ce magnifique manuscrit, du XVe siècle, contient 155 feuillets en vélin et 14 miniatures, au nombre desquelles se distinguent : l'Annonciation; la Naissance du Christ; la Fuite en Egypte; Dieu le père tenant dans la main gauche le globe du monde et de l'autre bénissant la sainte Vierge, qui est à genoux devant lui; l'Office des morts célébré par des religieux, etc.

Le second est de la même époque, il se compose de 101 feuillets en vélin, avec tourneures et capitales rehaussées d'or bruni, et 13 miniatures retraçant la vie de N.-S. Jésus-Christ.

Le troisième a appartenu à Françoise de Dinan; il est aussi du xve siècle, renferme 106 feuillets en vélin et 33 miniatures resplendissantes de fraîcheur et de richesse. Elles représentent la Passion, la Sainte-Trinité, le Baptême du Christ, un grand nombre de Saints et des armoiries confirmant ce qui vient d'être dit sur l'origine de ce précieux livre d'heures.

Le quatrième a été la propriété de damoiselle Guillemette, dame de la Tousche. Il est du xve siècle, contient 167 feuillets en vélin et 13 miniatures entourées de vignettes parsemées d'or, où sont peints des personnages fantastiques, des fleurs et des fruits.

Le cinquième, dit le livre d'heures du seigneur de La Mandardière, est encore du xve siècle; il contient 154 feuillets en vélin et 15 miniatures. Sur le premier feuillet est un écusson, un peu couché à droite, dont voici les armes : parti *d'azur à 3 coquilles d'argent, posées* 3, 2 *et* 1, qui est de La Mandardière ; contre-parti *de gueules à dix billettes d'argent, posées* 4, 3, 2 *et* 1, qui est de Dolo ; au-dessus est un heaume avec ses lambrequins ; pour cimier, deux ailes d'or éployées ; le tout surmonté d'un panache vert et amarante.

M. le docteur Godefroy a exposé un livre d'heures ayant appartenu à Françoise de Foix, épouse de Jean de Laval, morte en 1533. Ce manuscrit, de la fin du XVe siècle, fut exécuté *pour servir à messire François Bourguillault, prêtre de Saint-Jehan-de-Beré*.

Un livre d'heures, incunable de 1505, contenant 15 miniatures d'une rare perfection, a été gracieusement mis à notre disposition par Mme Godefroy.

A Mme de La Contrie appartient un beau livre d'heures du XVIe siècle, autrefois possédé par messire Berthelot, curé de Bain de 1727 à 1751.

Un livre semblable, ayant appartenu à M. de Colbert, a été exposé par M. Le Gonidec. Il contient 35 miniatures et un calendrier établi pour les années 1534 à 1552. Nous devons à l'obligeance du même exposant les nombreux incunables et manuscrits du XVIe siècle que l'on voit autour du grand retable, et parmi lesquels se trouve un Nouveau Testament, manuscrit in-f° de la fin du XVe siècle.

Le dernier compartiment de la vitrine 15 renferme le Cartulaire de l'abbaye de Saint-Melaine, appartenant à la bibliothèque de Rennes. Ce précieux manuscrit du XIVe siècle contient 226 feuillets en vélin, où les chartes de cet antique monastère, se rapportant aux années 1121 à 1352, se trouvent transcrites.

Nous avons parlé d'un bel exemplaire de l'Ancienne Coutume de Bretagne, manuscrit in-4° du commencement du XVIe siècle, exposé par M. Du Breil Le Breton.

Mme de la Fruglaie, à qui nous devons un beau livre d'heures de la fin du XVIe siècle, a aussi exposé deux petites chartes de 1191 et 1224, concernant les abbayes de Nogent et de Boheries, au diocèse de Laon, toutes deux munies de leurs sceaux sur double queue en parchemin.

Le haut de cette 15e vitrine renferme une série de documents non moins intéressants : Nous citerons en premier lieu les *fac-simile* d'un manuscrit allemand du XVIe siècle, appartenant à la bibliothèque de Strasbourg, et détruit dans l'incendie de cet établissement lors du bombardement de la ville, en 1870. Ce manuscrit était un précieux traité sur l'artillerie de l'époque, composé par Christophe Von Habsperg, bailli de Dieburg. Un ancien élève de l'École des Chartes a eu l'heureuse idée, il y a quelques années, de prendre un calque fidèle des 105 planches de ce manuscrit, avec quelques notes extraites du texte. C'est tout ce qui nous reste de l'ouvrage de Habsperg.

M. Riou du Cosquer a exposé dans cette vitrine un ordre de service adressé au chef de brigade Dunoyer par le général en chef de l'armée de l'intérieur, signé BUONAPARTE (autographe).

Non loin se trouve le Livre rouge de la

communauté de ville de Guingamp, dans lequel sont rassemblés les originaux des lettres écrites, à différentes époques, par les ducs de Bretagne aux bourgeois et habitants de ladite ville. Celle de ces lettres mise sous les yeux des visiteurs porte la signature authentique d'Anne de Bretagne. On y trouve, en outre, une curieuse enquête faite en septembre 1492, constatant que les archives de cette cité ont été pillées pendant les différents siéges qu'elle eut à soutenir.

Il nous reste à parler du pontifical de Robert Guibé, qui fut successivement évêque de Tréguier en 1483, de Rennes en 1502, de Nantes en 1507, d'Alby en 1510. Devenu cardinal, il mourut à Rome en 1513.

Ce manuscrit, du commencement du XVIe siècle, contient, comme tout pontifical, les prescriptions des fonctions épiscopales, de même que le rituel règle les fonctions curiales. On y voit, au commencement de chaque chapitre, une admirable vignette en miniature représentant un évêque officiant ou remplissant les devoirs de son ministère, revêtu des ornements pontificaux propres à la cérémonie décrite dans le texte. Les armes de Robert Guibé, qui s'y trouvent souvent reproduites, sont : *d'argent à trois jumelles de gueules avec huit coquilles d'azur posées* 3, 2 *et* 1.

Ce précieux livre, relié en veau gauffré, sur ais en bois, appartient à la belle bibliothèque de M. Le Gonidec de Traissan.

§ 7.

Poterie. — Faïence.

La faïence est une céramique dont la pâte argileuse est couverte par un émail stannifère : aussi la poterie proprement dite se trouve-t-elle placée en dehors de cette catégorie, parce qu'elle est revêtue d'un vernis plombifère. Tels sont les deux pots, la tasse et la soucoupe trouvés à Nola ; les fragments de vases gallo-romains trouvés à Rennes même, et exposés par M. Godefroy ; la lampe gauloise trouvée à Corseul et exposée par M. Ropartz ; les précieux spécimens de lampes funéraires trouvées dans les catacombes de Rome, et les autres vases étrusques et romains exposés par M. Pinczon du Sel, sur le détail desquels nous reviendrons au § 9.

Il en est de même des grès, dont la composition diffère. Et c'est pour cela que, malgré son mérite et sa parfaite authenticité, il ne faudrait point décrire ici un plat ovale appartenant à M. Pérelle, de Vitré, qui est certainement de la fabrication de l'illustre Bernard de Palissy; et à plus forte raison des imitations parfaitement exécutées par M. Avisseau, de Tours, et qui appartiennent à M. Pinczon du Sel. C'est aussi une poterie émaillée, et non une faïence, qu'un curieux carreau provenant de l'ancienne église de Toussaints. Il en est de même de deux jolis groupes, propriété de M. Reuzé, représentant, l'un Bélisaire aveugle et son jeune conducteur, l'autre Henri IV et son ministre Sully. Ces deux pièces, qui paraissent avoir été exécutées à Orléans, sont signées à l'envers *Huet* TƎVH. Il faut parler aussi de la même manière d'un pot de grès de Flandre ort beau, appartenant à M. Cazo, et d'un pot dont le couvercle est à demeure et qui est à M. Philippe-Lavallée.

Abordant donc la véritable faïence, et commençant par la France, pour s'occuper ensuite de l'étranger, les recherches s'ouvrent par le Nord, et au premier rang il faut placer les produits de l'Alsace. Rappeler ses succès dans toutes les industries, alors qu'elle faisait partie du territoire national, c'est un souvenir de cœur qui la relie encore à la France.

La réputation des fabriques de Strasbourg s'étendait partout, et il n'est pas étonnant que dans cette exposition bretonne elles soient brillamment représentées. Trop souvent on confond dans la pratique les faïences d'Alsace et celles de Lorraine, parce que l'une et l'autre adoptent volontiers des bouquets de fleurs roses ou rouges. La teinte, la perfection du travail et la qualité de la pâte et de sa couverte peuvent servir à les faire distinguer, ce qui n'est pas toujours facile quand elles ne sont pas signées. Il faut recourir à des types tels qu'un plat à fleurs roses qui porte la marque de Paul

Hanong, appartenant à M. André, ou bien un charmant petit groupe représentant un dénicheur de nids, auquel un autre enfant veut ravir sa prise, lequel appartient à M. Reuzé, et qui porte la marque de Joseph Hanong, successeur de Paul. Mais sans s'arrêter à ces difficultés, n'est-il pas admirable de voir une grande armoire vitrée entièrement pleine de ces belles faïences à bouquets? C'est à MM. du Sel des Monts, Pinczon du Sel, de la Borderie, Reuzé et autres, qu'en revient l'honneur. Dans l'impuissance de tout citer, il faut cependant mentionner des soupières rondes et ovales, des plats *idem*, des plateaux, des compotiers grands et petits, des coquilles, des saladiers ronds et carrés, tout ce qui est nécessaire pour les accessoires d'un service de table, raviers, moutardiers, huiliers avec leurs burettes de verre, sucriers, pots à crême, des rafraîchissoirs, des corbeilles à verres à vin de Champagne, des jardinières où se confondent les fleurs et le décor; tout cela frais, gracieux, appelant le convive.

La Lorraine (notre Meurthe actuelle) a

donné, pour garder les portes de la salle, deux grands lions accroupis, nés à Lunéville, et apportés par M. Le Gonidec, leur maître. Une autre localité, Niderwiller, offre deux corbeilles à verres de vin de Champagne, appartenant à M. du Sel des Monts ; au-dessous, deux C entrelacés sont la marque de la manufacture du comte de Custine.

La Champagne (Haute-Marne) est représentée par un pot à eau et sa cuvette, de la fabrique d'Aprey, et qui appartiennent à M. Templé. La peinture en est délicieuse ; c'est une riche composition où un bosquet treillagé, style Louis XV, est accompagné de bouquets de fleurs et d'oiseaux, le tout très-fini, très ou trop vif de ton, et très-décoratif.

Le Nivernais, avec son ancienne et féconde fabrique de Nevers, ne pouvait manquer d'abonder. La première époque, qui est italienne, manque ici, ou du moins se confond. La deuxième époque, remarquable par ses imitations persanes, présente une assiette fond bleu lapis, avec décor à blancs fixés, appartenant à M. de la Borderie, et un pot de même fond, mais où le blanc est associé au jaune orangé, et qui appartient à M. Le Bret. Cela ressemble à de l'émaillerie. Dans la troisième époque, l'art fait place à la spéculation, et le commerce couvre de ses produits toutes les rives de la Loire jusqu'à son embouchure, allant faire concurrence aux fabriques de Bretagne jusque sur leur propre terrain. On les y voit aujourd'hui. La pharmacie de l'hôpital Saint-Yves a déposé des pots majestueux à anses contournées, et dont l'étiquette annonce qu'ils étaient destinés à contenir la thériaque, cette solennelle préparation des vieux apothicaires. Des bouteilles et chevrettes ont la même origine.

Nevers traita aussi la statuette, et c'est à cette fabrique qu'appartient la Vierge Marie tenant l'Enfant Jésus dans ses bras, à M. Reuzé, et deux petits bonshommes assez ivrognes assis sur leur tonneau, à M. du Sel des Monts. En suivant cette dernière idée, il faut citer un pot à surprise sur lequel on lit : *Boy un coup*, invitation qui ne pourrait avoir d'effet qu'en connaissant le secret du vase, tantôt avare, tantôt prodigue. Il appartient à M. Aubrée. L'Exposition a d'autres vases aussi trompeurs, appartenant à MM. du Sel des Monts, Le Bret et Reuzé. Tout un service de table est ici : soupières, pots, plats, assiettes, saladiers et accessoires. Nevers aime les paroles, et le fond de ses faïences en contient de toutes sortes. Les meilleures sont des souvenirs de mariage : on trouve une assiette avec la Sainte Vierge peinte, et au-dessous le nom de *Marie Quarez*, 1760, à M. Reuzé; une gourde avec le nom de *Jean Rive*, 1774, à M. du Sel des Monts. Puis arrive la politique : une assiette avec les emblèmes des trois Ordres, le Clergé, la Noblesse et le Tiers-État, et *W la nation*, à M. Decombe. Mais je préfère comme plus naturelle une autre assiette au même, où il y a tout simplement une cuiller avec sa fourchette, et un couteau en sautoir. En finissant, je veux monumenter les noms de *Pierre Garnier* et *Siettè Airiot*, sa femme, qui en se mariant en l'an XIII (1805, vieux style), se sont fait faire un magnifique saladier où il y a toutes sortes de belles choses en couleur; il est à M. Le Bret.

En descendant vers la Provence, on trouve aux bouches du Rhône les faïences de Marseille, dont la beauté d'exécution et la finesse de la peinture rivalisent avec les porcelaines de Sèvres. Qu'y a-t-il de plus beau que cette fontaine de salle à manger, appartenant à Mme des Nétumières, et toute couverte des roses les plus fraîches? Ne faut-il pas remarquer aussi cette jolie soupière ovale, à M. de la Borderie; ces assiettes, à M. Riou du Cosquer, et ce compotier marqué d'une petite fleur-de-lis, à M. Reuzé?

Près de là se trouve, dans les Basses-Alpes, le village de Moustiers, dont les produits concourent pour l'élégance avec ceux de Marseille. Une grande cuvette, à Mme des Nétumières, en montre la beauté variée : c'est tout un tableau. Une splendide soupière ovale, à M. Pinczon du Sel; des assiettes, à M. du Sel des Monts; un sucrier, à M. Reuzé; un compotier, à M. Rouault, montrent quel parti on savait là tirer de l'ornementation.

En remontant vers le Nord, peut-on ne pas s'arrêter à la Normandie, cette terre classique de la céramique, où le vieux-

Rouen brille d'un éclat sans pareil. Les vitrines de l'Exposition en présentent de tous les genres. Que ce soit du décor bleu ou du décor polychrome, il s'y en trouve pour satisfaire tous les goûts. Le bleu offre, à M. de la Borderie, une belle soupière avec plateau, des plats longs; à M. Le Bret, deux plateaux ronds montés sur piédouches; à M. du Sel des Monts, une soupière ovale, un grand plat rond, des assiettes; à M. Reuzé, des plats et des soupières, un hanap et un grand plateau en carré long, couvert d'arabesques très-ornementées et du plus léger travail; à M. Le Gonidec, un vase décoratif, forme Médicis; à M. Reuzé, une fontaine de salle à manger décorée d'une fleur-de-lis, et du plus bel effet. Le décor en couleur offre, encore à M. de la Borderie, une belle soupière longue avec son plateau, des plats ronds et longs, des assiettes; à M. du Cosquer, un saladier carré; à M. Aubrée, un brûle-parfums tout délicieux; à M. Reuzé, soupière, plats et assiettes. Ce sont aussi des guirlandes polychromes qui décorent une fontaine de salle à manger, appartenant à

M. Ropartz; mais ce qui doit attirer vers elle l'attention, c'est qu'elle est montée sur une planche si artistement faite dans le goût rocaille, qu'elle peut servir de modèle. C'est là, dans ces vitrines, qu'on peut voir aussi un genre de décor qui a joui d'une grande vogue, le Rouen à la corne; le motif est une corne d'abondance, tronquée ou entière, quelquefois double, et d'où s'échappent des pivoines, des œillets d'Inde rouge de fer, entourés dans le fond d'oiseaux, de papillons et d'insectes au milieu d'ornements divers et de chantournés bizarres. Le ton en est vif et éclatant. Ici on retrouve encore M. de la Borderie avec des plats et des compotiers; Mme Thiberge avec deux compotiers carrés. M. Daniel y est pour un grand plat rond, M. Reuzé pour des plats ronds et ovales. Il faut en passer, et des meilleurs.

Enfin l'on arrive à la Bretagne, où florissait également la céramique, et dont les manufactures de faïence furent longtemps renommées. Elles s'étaient à peu près éteintes; puis, tombées dans l'oubli, leur nom comme leurs produits s'étaient effacés de la mémoire. C'est à M. le docteur Aussant qu'on doit de les avoir remises en relief, en leur restituant la place qu'elles doivent occuper dans l'ancienne industrie provinciale. C'est lui qui, le premier, trouva le *vieux-Rennes*. Depuis lors, les amateurs se sont mis à sa recherche, et n'est-ce pas ici qu'on doit en enregistrer les intéressants résultats : à l'appel de la science, ils se trouvent groupés et réunis.

Ce fut en 1748 que Jean Forasassi, dit Barbarino, faïencier florentin, vint s'établir à Rennes, y fonda une manufacture de faïence et y alluma ses fours. Pour qui connaît la faïence italienne, il sera facile au premier coup d'œil de reconnaître dans la vieille céramique rennaise les produits fabriqués sous l'influence de l'art toscan. On a pu en voir au musée dans la collection Aussant, par lui si généreusement donnée à l'établissement municipal. On en voit encore à l'Exposition. L'élégance du dessin, la richesse des couleurs, où domine le jaune italien rehaussé par des touches violettes étrangères à l'Italie, les différencient suffisamment soit des pièces italiennes, soit des pièces françaises contemporaines. Ces Italiens faisaient surtout la statuette avec succès, laissant Nevers bien loin derrière eux. La collection qu'en a formée M. Reuzé est digne de la plus grande attention. Un *Ecce homo*, représentant le Christ assis, revêtu d'un manteau de pourpre, et que possèdent aussi MM. Aubrée et Dujardin, en est un remarquable spécimen. M. Reuzé présente aussi des madones, une Vierge debout tenant l'Enfant-Jésus dans ses bras; une autre Vierge debout ayant près d'elle son divin Fils, le pied sur le dragon infernal; une belle Vierge en buste, posée sur un piédestal orné du triangle, emblème de la Trinité; une autre Vierge avec l'inscription MATER ADMIRABILIS ORA, etc.; une autre avec l'inscription N. DAME DE BŌ SECOVRS; puis un saint Jean-Baptiste bien posé, une sainte Anne montrant à lire à la sainte Vierge Marie, avec l'inscription IHS MA ANNA. M. de la Borderie montre une statuette de S LAVRENS tenant une palme, et appuyé sur un gril, instrument de son martyre. C'est aussi de cette période italienne que datent de superbes bénitiers qui, par leur grandeur et leur importance, constituent de véritables œuvres d'art. Nous citons, toujours à M. Reuzé, qu'on doit louer d'avoir réuni avec tant de soin ces beaux souvenirs, plusieurs magnifiques bénitiers : en voici deux de forme ovale, placés de chaque côté de l'autel élevé pa les ordonnateurs de l'Exposition pour exposer les vieux objets du culte de nos pères, et dont s'enrichit l'archéologie. Au milieu de l'un, la Vierge se tient debout avec son fils précieux; des anges et des palmiers accompagnent cette représentation vénérée. Au milieu de l'autre, le crucifix où s'est accompli le salut des hommes, et tout autour des guirlandes de fleurs courant sur les bords, d'un modelé, d'un fini et d'une couleur où l'art a mis trop de charme eu égard à la gravité du sujet. Il faut parler aussi d'une pièce singulière où l'Italie et la Bretagne s'étalent à plaisir. C'est une grande gourde en forme de livre. Sur l'un des plats de la prétendue reliure, c'est un capitan matamore; sur l'autre, une fileuse tordant le chanvre de la veillée. Cette gourde est à M. du Sel des Monts.

Après avoir ainsi brillamment inauguré cette nouvelle industrie, les Italiens cédèrent la place aux Bretons. Le jaune de chrome disparaît entièrement, dominé par le violet manganèse, qui est le type de cette seconde époque. Il faut citer ici en première ligne une magnifique soupière exposée par Mlle Robinot de Saint-Cyr, qui la tient de son regretté père. C'est le triomphe de la rocaille et du décor. Sur le sommet du couvercle, un coquillage laisse voir dans son intérieur les initiales H C qui sont celles du peintre Hirel de Choisy. M. Pinczon du Sel en possède une autre à peu près semblable. M. du Sel des Monts a produit une soupière ovale avec décor analogue; et pour qu'on ne s'y trompe pas, on lit dessous, en gros caractères, le mot RENNES. C'est aussi à Hirel de Choisy qu'on doit attribuer une fontaine de salle à manger appartenant à M. André. Puis, rentrant dans la même catégorie violette, s'étalent une foule de pièces intéressantes : c'est une écritoire de bureau avec deux trous pour l'encre et le sable, et un troisième pour la bougie, à M. Reuzé; c'est, au même, une jardinière à deux étages; à M. du Sel des Monts une paire de rafraîchissoirs; une autre paire aux bonnes religieuses de la rue du Griffon, qui ne méritent pas seulement un éloge pour leur charité, mais encore pour leur soin de conservation; puis viennent, à divers, des plats, des assiettes. Parlerai-je aussi d'un plat à barbe à M. Decombe, usage vulgaire, mais que rehausse le décor; puis vient enfin une assiette où domine toujours le violet, mais au revers de laquelle on voit une marque en forme de monogramme, qui ne peut être attribuée qu'à Jean-Baptiste Bourgouin, céramiste normand, que Rouen avait cédé à Rennes, où il était venu se marier en 1756. Cette pièce unique est à M. Reuzé.

Il s'était formé deux ou trois fabriques à Rennes : l'une, paroisse Saint-Martin, pavé Saint-Laurent, dont Bourgouin devint directeur; une autre, paroisse Saint-Pierre en Saint-Georges, rue Hue. Il n'est pas toujours facile de distinguer leurs produits et de les répartir, à moins qu'on ne lise, comme sur un brasero à M. Reuzé, *Fait a Rennes Ruë huë 1774*, ou comme sur un vase décoratif du Musée de la ville, *Bourgoüin 1776*. Mais, abstraction faite de cette difficulté, quelle variété n'observe-t-on pas dans tout ce vieux-Rennes, et ne doit-on pas faire tous ses efforts pour en réunir toutes les pièces éparses? Il y a les pots de l'apothicairerie de l'hôpital Saint-Yves, chevrettes et bouteilles; ceux de l'Hôpital-Général, aujourd'hui occupé par l'Arsenal; il y a des écritoires dont les formes représentent toujours cœur ou carreau, trèfle ou pique, et dont M. Decombe et M. Roussin ont des modèles variés; une jardinière à M. Aubrée; un pot trompeur ou à surprise à M. Reuzé, farce joyeuse du bon vieux temps; puis tout le service de table : soupières, plats, assiettes, beurriers, salières, moutardiers, compotiers, réunis par MM. Foucqueron, Lavallée, du Cosquer, Ropartz, Reuzé, André, Decombe, Aubrée et autres, dont les noms se trouvent aussi et ainsi réunis. Comme chose singulière, un vase à deux anses, de forme assez inusitée, et où l'on voit d'un côté les emblèmes mystérieux de la franc-maçonnerie, et de l'autre un bouquet de fleurs. C'est encore M. Reuzé qui en est le propriétaire.

Il y a eu aussi dans ce pays des contrefaçons ou, si l'on veut un mot plus doux, des imitations. M. Reuzé possède un plateau de soupière qui semble du Moustiers, mais qui cependant n'en est pas. La clef de cette énigme se trouve dans une écritoire à M. de la Borderie, qui paraîtrait à tous comme du Moustiers, si l'on ne lisait dessous : FAIT A St MALO. Une autre sans marque est semblable, et c'est aussi à la même fabrication que se rapportent deux assiettes à M. du Sel des Monts.

On regrettait tout-à-l'heure que cette belle industrie céramique fût éteinte à Rennes ; mais elle peut y revivre. Les yeux se sont fixés sur des carreaux de faïence décorés par Mme des Nétumières ; et si dans de telles mains le pinceau ne dédaigne pas la faïence, ceux qui voient ces œuvres d'une délicate habileté ne doivent pas, certes, désespérer de la résurrection de l'art.

Après avoir ainsi parcouru la France, il faut passer à l'étranger. C'est l'ordre de l'ancienneté, non moins que le mérite du talent, qui font commencer par l'Italie. Ici, c'est la série de M. Pinczon du Sel qui en offre le choix le plus complet, et c'est là ce qui montre l'utilité bien entendue des voyages sur cette terre des arts : la majolique est la prédilection des collectionneurs. C'est à *Faenza*, dans les Marches de la Romagne, qu'est née la faïence, et voici deux coupes à piédouche qui ont cette provenance. Dans le duché d'Urbino, c'est *Pesaro* qui le dispute à Urbino lui-même; voici un plat rond au fond duquel on lit CAMILLA, et qui servait à donner des dragées et des sucreries à la dame préférée. Mais *Urbino*, le grand centre artistique des Apennins, présente à son tour des plaques qui sont de véritables tableaux : sur celle-ci, c'est la course d'Atalante; sur celle-là, un dieu marin; sur d'autres, des chasses au loup, au sanglier. Dans les États Pontificaux, *Deruta* se fait remarquer par un vase de la fin du xve siècle. Dans les Abbruzes, c'est *Castelli* qui représente la majolique napolitaine. Un paysage d'après Le Poussin, et signé *Gentili*, occupe tout le fond d'un beau plat; mais on ne saurait s'en servir en le remplissant sans se priver de la vue de ce chef-d'œuvre. On peut en dire autant de deux assiettes. Voici maintenant des plats de *Savone*, en voici de *Milan*. La collection de M. Pinczon du Sel ne manque de rien, même des singularités. Une assiette a les deux coquetiers adhérents à son bord, vis-à-vis l'un de l'autre, la salière au milieu. C'est un tête-à-tête forcé, mais qui pour cela n'en est peut-être pas moins aimable. D'autres personnes ont aussi exposé quelques faïences italiennes dignes de remarque. M. Ropartz a un grand vase, M. de la Borderie des pièces de table et de décoration, M. Reuzé un grand plat de *Gênes*, qui a pour marque le phare de cette cité maritime.

La céramique de l'Espagne présente un caractère particulier, tiré de l'industrie des Mores qui occupèrent son territoire. C'est un reflet métallique obtenu par des fumigations arsenicales. En ce genre, c'est encore à M. Pinczon du Sel qu'il faut avoir recours. Il possède des plats hispano-moresques et siculo-moresques. Il faut noter aussi deux salières mordorées appartenant à M. Rouault.

Dans le Nord de l'Europe, c'est la Hollande qui tenait le sceptre de la fabrication de la faïence, et qui écrasait toute concurrence en couvrant de ses produits variés tous les pays environnants. Dès le commencement du XVIIe siècle, on voit fonctionner les fabriques de *Delft*. Toute une vitrine de l'Exposition est remplie de vieux-Delft. On voit d'abord des imitations des porcelaines de la Chine et du Japon faites avec une perfection rivalisant presque avec les originaux. Le décor en couleurs, avec ou sans dorure, le décor bleu sont également bien imités. MM. de la Borderie, du Sel des Monts, Pinczon du Sel, Reuzé, Decombe, présentent de beaux spécimens de plats, d'assiettes, de potiches et de cornets; mais Delft avait aussi son art propre : un pot à bière avec son couvercle, à M. Berny, est bien évidemment hollandais d'origine et de destination; ce porte-bouquets en forme d'obélisque, d'un goût un peu bizarre, est bien indigène; et enfin c'est un véritable tableau de l'école hollandaise que cette plaque carrée à M. Pinczon du Sel, qui représente Jésus fléchissant sous le poids de la croix. Il a aussi existé une fabrique à *Amsterdam*; il faut lui reporter un saucier à M. du Sel des Monts, qui porte la marque presqu'introuvable d'un coq

C'est à l'Allemagne qu'on doit donner une espèce de soupière avec son couvercle, en faïence émaillée verte, et qui représente un gros chou d'après nature. Les Allemands se sont imaginés de faire dans ce genre des services de table dont chaque plat représente du gibier, des légumes ou des fruits. Au château de la Favorite, il y avait toute une table servie où on pouvait s'asseoir, pourvu qu'on n'eût point d'appétit. Ce chou est marqué d'une petite fleur-de-lis, qu'on rencontre quelquefois sur des faïences que tout doit faire assigner aux bords du Rhin. M. Folie est le possesseur de ce beau légume.

L'Angleterre n'est représentée que par

deux petits sucriers à M. Berny, marqués B L, localité inconnue.

L'Asie a aussi sa céramique particulière. Dans la vitrine de M. Pinczon du Sel on jette les yeux sur un carreau de revêtement à ramage éclatant et à émail vif formant relief; c'est à la Perse qu'on le doit.

L'Afrique figure, pour le Maroc, par deux brûle-parfums bariolés appartenant à M. André. Quant à l'Amérique, faut-il parler de poteries plus bariolées encore, qu'on a cru embellir par du rouge, du jaune ou du vert du ton le plus cru? Cela vient du Para, pour montrer, à ce qu'il paraît, que l'Europe préside seule encore aux arts par son goût éclairé, et qu'on ne peut s'en écarter sans tomber dans la barbarie.

§ 8.

Porcelaine.

Il n'existe aucun rapport de composition entre la faïence et la porcelaine : la première, formée par une pâte argilo-calcaire, couverte par la fusion d'un sel d'étain; la seconde, au contraire, formée par une roche feldspathique, le kaolin, recouvert par une vitrification qui ne contient rien de métallique. L'invention de la porcelaine est due à la Chine. C'est donc par l'extrême Orient qu'il faut commencer ici.

Le vieux-Chine est largement et brillamment représenté à l'Exposition.

Il faut d'abord rechercher la famille verte : c'était la couleur de la dynastie nationale détrônée par l'invasion des Tartares Mandchoux. M. Pinczon du Sel possède en ce genre deux magnifiques plats creux et une fontaine à thé avec des reliefs or et couleur. M. Duret montre aussi un grand plat creux de la même couleur avec une belle monture dorée. M. Berny a une jolie paire de chandeliers.

Changeons de couleur, et montrons une très-remarquable potiche à fond bleu à M. le comte de Tredern, montée sur un socle de bois sculpté, avec garnitures de cuivre doré.

Pour le rose, il faut voir un nénuphar charmant qu'expose M. Pinczon du Sel.

Parlons maintenant du craquelé, et citons un plat de M. de la Borderie; puis de la porcelaine avec des peintures émaillées en relief. M. Pinczon du Sel et M. Duret présentent en ce genre des plats et des assiettes; Mme des Nétumières, deux rafraîchissoirs.

Quant à cette peinture qui décore la porcelaine de ses riches et brillantes couleurs, où le rouge, le bleu, tout ce qu'il y a de vif, s'unit à la richesse de l'or, le marquis de Langle, M. du Cosquer, M. de la Fruglaye, et toujours MM. Pinczon du Sel et Duret, servent tout ce qu'il est possible de voir, de posséder, de montrer; le service de table est complet. Arrêtez-vous un instant devant une statuette de blanc de Chine à M. Godefroy, représentant une divinité voilée, les yeux baissés, portant un enfant dans ses bras maternels. N'est-ce pas la Vierge Marie? Non, c'est Kouanin, figuration boudhique, déesse symbolique des païens de l'Asie.

Il est une autre porcelaine de Chine assez particulière, exécutée dans ce pays lointain sur des dessins envoyés d'Europe par l'intermédiaire de la Compagnie des Indes. C'est ce qu'on appelle de la porcelaine de commande. M. Pinczon du Sel a de cette sorte le paganisme grec et romain, qui revêt une tournure asiatique : c'est la toilette de Vénus, le jugement de Pâris, le triomphe d'Amphitrite, la fière Junon, etc. On fournit aussi aux chrétiens la crèche, le calvaire, la résurrection. Il y en a qui font mettre leurs armoiries sur leurs porcelaines de Chine, qui prennent ainsi un aspect féodal. Les pièces de table sont enguirlandées de fleurs, et les bouquets s'entrelacent avec les lambrequins et les chantournés. Oserai-je dire que, comme goût, c'est médiocre ; comme dessin, détestable? Mais qui pourrait cependant ne pas s'arrêter devant cette fantaisie de nos pères, qui pourrait la blâmer lorsqu'elle devient si brillante sur les théières, les boîtes à thé, les tasses, les pots à crème, les plats, les assiettes, et tous les accessoires imaginables que viennent étaler à nos yeux éblouis MM. Pinczon du Sel, Duret, de Langle, du Cosquer, de la Fruglaye et Aubrée?

Le vieux Japon ne le cède point au vieux

Chine. Souvent il est malaisé de les distinguer. Dans l'embarras de les séparer, les amateurs les réunissent. C'est la même beauté d'exécution, la même magnificence de couleur. On retrouve toujours M. Pinczon du Sel avec ses magnifiques coupes montées, ses grands plats de plus d'un demi-mètre de largeur, ses grosses potiches avec leurs cornets, ses inépuisables vaisselles de toutes sortes aux couleurs variées, puis son Japon bleu pour le service ordinaire. M. Duret est son émule, et il ne faudrait pas chercher à savoir qui l'emporte. A côté d'eux, MM. Huchet de Cintré, Aubrée et autres, viennent se montrer encore.

On contrefait le Japon bleu à Batavia. Voici de ces contrefaçons hollandaises dans une paire de réchauds appartenant à Mme Raffaut, mais ils sont aussi beaux; le dessin seul diffère un peu.

Il faut bien se donner de garde de prendre pour du vieux le nouveau Chine, et le nouveau Japon. Cependant le nouveau a quelquefois son mérite. On peut en voir quelques bonnes pièces dans les vitrines; mais ne serait-il pas peu ou point archéologique d'en parler?

Ce fut en Saxe que les premiers efforts pour fabriquer de la porcelaine dure, à l'instar de la Chine, furent couronnés de succès. Et encore là est-il quelquefois difficile de distinguer le vieux-Saxe du nouveau. La marque est *deux épées croisées en sautoir, la pointe en haut;* on la retrouve sur une multitude de pièces offertes aux yeux du public par M. Pinczon du Sel. Deux groupes dans le genre Watteau, une grande plaque où est peint le portrait d'un électeur de Trèves, une collection de quinze singes formant un orchestre complet, mais heureusement muet, un perroquet, des plats, des assiettes, etc. Mais quelle merveille! ce sont les vases fleuris, les groupes charmants de M. de Langle. On les regarde, on voudrait les regarder encore. Il faut pourtant s'en séparer si l'on veut voir ce délicieux service à thé, don du vieux roi Louis XV à sa favorite du Barry, et que Lucienne a livré à M. Du Hautchemin; si l'on veut voir aussi ce tout joli service à thé appartenant à

M. Duret. Ils sont tous deux dans des écrins moelleux. Ne sont-ils pas aussi précieux que les pierres précieuses?

M. Pinczon du Sel a exposé, de la manufacture royale de Berlin qui marque d'un *sceptre*, un brûle parfum et un petit amour ailé, très-bien réussis. Il a également exposé, de la manufacture impériale de Vienne qui marque de l'*écusson de l'archiduché d'Autriche*, la statuette d'une belle dame allemande.

Lorsque la Saxe eut trouvé le secret de la porcelaine de Chine, la France, patrie des arts et de l'industrie, s'en émut, et la manufacture royale de Sèvres fut fondée. La perfection de ses produits lui donna de suite le premier rang, et il n'est pas de collectionneur qui n'aspire à posséder quelques-unes de ces porcelaines de vieux-Sèvres, aussi rares que belles; mais il faut bien s'y connaître, car des manufacturiers peu honnêtes ne se sont pas fait scrupule d'en contrefaire la marque, deux L entrelacées, au milieu desquelles est une lettre indice de l'année; au-dessous, le signe du décorateur. La date, à partir de 1753, est indiquée par un A, l'année suivante par un B, et ainsi de suite jusqu'à ce que la série alphabétique étant épuisée, on redouble les lettres.

On ne fabriqua d'abord que de la pâte tendre, et M. Le Bret exhibe un pot au lait portant la lettre G (1759), des compotiers avec bouquets détachés, à la lettre O (1766), et un T, signature conventionnelle du peintre Binet; un autre, à la lettre Q (1768), et un W, signature de Moiron fils. Mais ce n'était point là de la porcelaine véritable, et ce ne fut que lorsque les gisements de kaolin de Saint-Yrieix, près de Limoges, eurent été découverts, qu'on put faire, comme les Chinois, de la pâte dure. Ici vient se placer ce beau portrait de Louis XV, en grisaille, par lui donné à Mme Dubarri. Les fleurs les plus fraîches et les plus charmantes entourent les traits du vieux roi; mais Luciennes ne devra pas garder cet hommage fleuri; cette délicieuse peinture appartient aujourd'hui à M. Du Hautchemin. Louis XVI n'eut rien de semblable à demander à sa manufacture de Sèvres, mais elle n'en prospéra pas moins, témoin cette douzaine d'assiettes de M. Le Bret, à fleurs courantes sur le marli, et qui sont marquées de la lettre redoublée KK, indice de 1786.

M. Duret a exposé, dans un bel écrin, un très-beau service à café, avec médaillons de nature morte.

Le nouveau-Sèvres n'est point indigne de fixer l'attention et continue la réputation de l'établissement. M. Berny a deux vases bleus, M. Pinczon du Sel une paire de coupes, des plats et des assiettes, M. Rouault possède également une belle collection.

On ne peut parler du nouveau-Sèvres sans faire remarquer les décors pleins de grâce dus au pinceau de Mme Regnault, sur du blanc de Sèvres; ses fleurs sont jetées avec finesse de détail, et le coloris en est fin et pur.

A l'imitation du roi, la reine Marie-Antoinette avait aussi pris sous son patronage une manufacture de porcelaine, et sa faveur entourait un fabricant de Paris qui, de même que Sèvres marquait de deux L, avait été autorisé à marquer d'un A. C'est ce qu'on appelle la *porcelaine à la reine*. M. Rigaud a produit une tasse avec sa soucoupe marquée en bleu d'un petit A, M. André une pièce marquée en rouge d'un grand A couronné. Le duc de Penthièvre a aussi patroné une manufacture qui a marqué du lambel de la maison d'Orléans, sur une chocolatière à M. André.

M. Rigaud a exposé quelques pièces marquées de deux épis en sautoir, imitation, par un nommé Locré de Paris, des deux épées de Saxe. Mais l'imitation de Locré a aussi été imitée à son tour par la fabrique de Lorient, qui a copié les épis.

§ 9.

Céramique étrusque ou italo-grecque. — Lampes païennes et chrétiennes. — Objets divers.

Indépendamment des faïences italiennes et des porcelaines dont nous avons rendu compte, la riche collection de M. Pinczon du Sel comprend un certain nombre de vases dits étrusques ou italo-grecs, recueillis à Rome et à Naples, ou dans les environs. En les décrivant ici avec un certain détail, nous n'entreprendrons pas de déterminer les signes caractéristiques qui distinguent l'art étrusque des productions dues au génie de la grande Grèce, qui se rencontrent sur le même sol; y a-t-il là deux arts différents ou seulement deux formes légèrement variées d'une même inspiration? La civilisation qui élevait les murs cyclopéens de Cortone et d'Alatri, à si peu de distance des temples de Pestum, le type achevé de l'architecture grecque, n'avait-elle pas aussi adopté dans l'art de la céramique des formes distinctes, un mode d'ornementation qui lui fût propre? Nous inclinons à le penser; mais nous trouvons ici trop peu d'échantillons des produits de cet âge reculé, pour pouvoir étudier convenablement ces difficiles questions. Défions-nous d'ailleurs, en pareille matière, de cette tendance de notre esprit moderne à tout réduire en formules définies, à tout ranger méthodiquement dans un cadre scientifique. N'y avait-il pas alors comme maintenant des influences de voisinage, des emprunts de peuple à peuple? Cette institution de l'esclavage antique, qui transplantait le vaincu et le mettait au service du vainqueur, ne devait-elle pas avoir pour effet de propager au loin les procédés des diverses industries, comme le fait aujourd'hui l'émigration de nos ouvriers? Partant, n'est-il pas à craindre que si le collectionneur est exposé aux supercheries de la contrefaçon moderne, l'érudit ne puisse, lui aussi, rencontrer sur son chemin des contrefaçons remontant à la plus respectable antiquité? Qui peut d'ailleurs garantir la provenance de tous les objets réunis dans une collection? — Ceci dit, décrivons, en nous abstenant de toute attribution.

Les objets qui nous occupent peuvent se diviser en deux groupes principaux : les vases noirs et les vases à ornementation colorée. Parmi les premiers, on remarque deux *gutturnium* (cruche à eau ou aiguière; on s'en servait principalement pour verser de l'eau sur les mains avant ou après le repas). Le premier, trouvé à *Chiusi* (l'ancienne *Clu-*

sium), présente quatre côtes saillantes descendant de la naissance du col jusqu'à la moitié de la panse; la face antérieure est ornée de l'effigie en relief d'un lion qui, par son attitude, rappelle singulièrement les animaux conventionnels du blason; les faces latérales offrent deux têtes de chevaux; le col porte à sa base un zig-zag en creux, au milieu trois cercles également en creux; le goulot est largement évasé et forme bec à la partie antérieure; l'anse part du sommet de la panse et se rattache au goulot par un enroulement aplati au milieu. Hauteur, 28 centimètres.

La seconde aiguière provient des fouilles faites à la villa d'Asinius Pollion, près des thermes de Caracalla, à Rome : les formes et les dimensions sont à peu près les mêmes que celles du vase précédent; le col est un peu plus court, la panse un peu plus arrondie; cette partie est décorée d'une série de petites stries s'élevant du pied de l'aiguière et se rattachant à un cordon peu saillant que surmontent des ornements ponctués ressemblant assez à la queue déployée d'un paon ; l'anse présente également une ornementation ponctuée ; le col est uni.

Viennent ensuite, dans la série noire, un assez grand nombre de vases plats de dimensions variées, petites assiettes, soucoupes, salières ou tasses peu profondes, provenant de la Pouille, de Nola, près Naples, ou de Capoue. D'après le dictionnaire de Rich, il faut voir là le *calix*, la *patina*, la *patella* et le *discus* dont nous parlent les auteurs latins : c'était la vaisselle des anciens, vaisselle commune, puisque ce n'est que de la terre noire, et cependant remarquable d'élégance, car les formes en sont fines et bien modelées, et toutes ces pièces portent imprimés en creux des dessins légers, masques, guirlandes de feuillages et gracieuses arabesques où le génie des artistes de la Renaissance a su trouver des motifs et puiser des inspirations. L'une de ces sébiles, trouvée près de Corneto, dans les hypogées de l'ancienne Tarquinie, présente au centre ce renflement prononcé connu sous le nom de *umbo ;* elle est, du reste, sans aucun ornement. Une autre, venant de

Capoue, complètement plate, très-chargée d'ornements en creux et élevée sur une espèce de pied, offre au contraire, au centre, une dépression qui forme la contre-partie de l'*umbo*. C'était là sans doute qu'on déposait la pièce de monnaie, viatique qui accompagnait le mort dans son sépulcre. On ne doit pas oublier, en effet, que presque tous ces vases de forme si variée que renferment nos collections, ont été trouvés dans des tombeaux, ce qui explique leur état actuel de conservation. Citons enfin, avant de passer aux vases du second groupe, deux coupes noires, de forme très-plate, et qui se distinguent des vases précédents par les anses gracieusement recourbées qui en accostent les bords. C'est là proprement la *patera*, la coupe destinée aux libations.

Venons maintenant aux terres colorées.

Ce grand vase, dont la forme a été empruntée pour ceux qui décorent nos jardins, c'est un *crater*. Il contenait le mélange d'eau et de vin dont on remplissait les coupes que l'on passait à chaque convive pendant les repas, car les anciens buvaient rarement leur vin pur. Ce crater, qui vient de Naples, a un pied court, reposant sur un empatement dépourvu d'ornement. Du milieu de la panse naissent deux anses qui se recourbent en s'écrasant, et viennent presque se coller contre le corps du vase, de manière à ne former qu'un motif de décoration. Le bord supérieur s'évase en orle légèrement arrondi, mais sans se retourner. La hauteur du tout est de 33 centimètres; le diamètre, à l'orle supérieur, de 30 centimètres. La décoration de ce vase est d'un ton blanchâtre sur fond brun; au bas de la panse, une grecque encadrée de cercles alternés blancs et bruns; sur chaque face, une tête d'homme et une tête de femme, cette dernière coiffée d'un bonnet phrygien; l'extérieur de l'orle est simplement décoré de lignes alternées blanches et brunes; autour des anses, une ornementation de feuillages.

Voici un vase d'une autre forme et plus richement décoré; c'est une olla : haut de 25 centimètres, il a aussi deux anses, mais elles se détachent du sommet de la panse et viennent se réunir au col, un peu au-dessous de l'évasement qui le couronne. Ce col lui-même est assez large; la panse est allongée et se rétrécit par en bas; l'ensemble constitue ce que l'on est convenu d'appeler forme étrusque. L'ornementation générale est noire sur fond rouge; mais les lignes principales, l'esquisse des sujets sont tracées en blanc et comme égratignées à la pointe sur les parties colorées. Ce vase est le seul de la collection qui présente cette particularité; nous avons cru devoir la signaler. Sur la partie inférieure de la panse et sur le col se déroulent des arabesques variées; l'une des faces représente un char de guerre attelé de quatre chevaux de front, deux noirs et deux bais; le conducteur est vêtu d'une tunique blanche collante, descendant jusqu'aux pieds, serrée à la taille par une ceinture; sa coiffure ressemble un peu à un turban; il est noir et a les bras nus. A côté du char, debout et se retournant vers le cocher, est un guerrier coiffé d'un casque surmonté d'un double panache ondoyant; il tient un bouclier blanc, de forme ronde, et deux javelots; ses jambes, dégagées de toute draperie, sont couvertes d'une armure qui rappelle la grande botte de nos gendarmes; le reste de sa personne est caché par le corps des chevaux. — Sur l'autre face du vase, un personnage noir, à grande barbe rousse, coiffé d'un turban et drapé dans un manteau dont le pan retombe derrière son épaule, est assis sur un siége en forme d'X; il tient à la main une large coupe à pied, au-dessus de laquelle se croisent des baguettes garnies de feuilles; devant lui est debout un homme à peau blanche, également vêtu d'un manteau, mais dont le turban est orné d'un plumet droit; il étend la main sur la coupe que tient le personnage assis. — Est-ce un serment prêté sur le vase des sacrifices? Est-ce Mucius Scævola brûlant sa main sur un bûcher portatif, et faut-il voir dans le personnage assis un portrait plus ou moins fidèle de Porsenna?

Vient ensuite un *gutturnium* assez semblable à ceux que nous avons déjà décrits, mais dont le goulot affecte une forme trilobée : la partie postérieure de ce vase est noire, remarquable seulement par la finesse de son émail, mais du reste sans aucun ornement; à la face antérieure, se détachant sur un fond rouge encadré d'une grecque, on voit un guerrier noir, vêtu d'une peau de bête, à pelage moucheté, dont le mufle lui sert de casque, et armé d'un glaive, lutter contre quatre assaillants à peau blanche qui l'ont entouré. Ceux-ci sont coiffés de casques à cimier recourbé en avant; ils portent des cuirasses et, en-dessous, des casaques échancrées par devant et descendant jusqu'au haut de la cuisse; le devant des jambes est garanti par une armure; ils sont armés de lances et portent des boucliers ronds et ovales, dont l'un est orné d'un emblème caractéristique. L'un de ces guerriers a été atteint par l'épée de son adversaire et a dû fléchir le genoux. — Remarquons en passant que, dans ces scènes guerrières, figurent des individus appartenant à des races différentes et profondément séparées par les caractères physiques. Ce n'est pas que nos combattants noirs aient aucun des traits propres à la race nègre, loin de là ; le nez est droit et pointu, le menton proéminent, les lèvres rentrées. Mais si ces signes excluent toute idée d'une parenté avec les tribus africaines, ils n'en présentent pas moins un contraste frappant avec les traits aquilins des guerriers du type blanc qui leur sont opposés. Sans doute, le peintre aura voulu traduire d'une manière qui parlât aux yeux ce sentiment profond de l'antagonisme des races qui, dans le monde antique, faisait du mot étranger le synonyme d'ennemi.

Trois vases ressemblant beaucoup, par leur forme, à ces cache-pots modernes que nous mettons sur nos cheminées ; ils en diffèrent seulement par deux anses évidées qu en ornent les côtés. L'un, une simple poterie revêtue d'une couverte grisâtre, est décoré, sur sa face antérieure, d'une tête d'homme de petite dimension, de fruits et de feuillage jetés sans aucun dessin qui les relie, le tout dénotant une main très-peu exercée ; il a été trouvé dans la Pouille : nous avons vu le similaire au Louvre (ancienne collection). Le second, provenant aussi de la Pouille, est d'un brun clair ornementé en rouge. Sur l'une des faces, une femme vêtue d'une robe et d'un peplum, couronnée de fleurs, portant un collier et des bracelets aux poignets et aux chevilles; d'une main elle tient une bandelette, de l'autre une couronne. Sur l'autre face, un homme complètement nu, couronné de fleurs et portant une guirlande en sautoir de l'épaule gauche à la hanche droite; il tient une bandelette de la main gauche, un javelot ou un caducée de la main droite. Le troisième de ces vases vient de Nola; il est décoré en rouge sur fond brun foncé, presque noir. L'une des faces présente un philosophe drapé, dans l'attitude de la méditation; l'autre, un athlète qui vient de se dépouiller de ses vêtements dans la palestre et les porte sur son bras.

Le vase suivant est un *guttus;* il ne laissait échapper que goutte à goutte le liquide qu'il contenait : il servait d'huilier; on y mettait aussi du vin pour les libations. Le col est long et étroit, l'anse part du sommet de la panse et se rattache au col environ aux deux tiers de sa hauteur. Ce vase vient de Rome. Sa décoration, formée seulement de lignes noires s'entre-croisant en losanges sur un fond jaune, terre de Sienne, est simple et élégante.

Autre vase pouvant remplir l'office de soupière, et provenant de Naples. La partie inférieure est en poterie noire, remarquable seulement par sa finesse et accostée d'anses gracieuses; le couvercle est décoré d'arabesques rouges sur fond brun foncé, et de deux têtes de femmes d'assez grande dimension, curieuses à étudier pour les détails de la coiffure; au sommet, un large bouton très-saillant, aplati en dessus, et orné de peintures. Peut-être ce couvercle et le vase en terre noire auquel il est adapté ne sont-ils que des pièces dépareillées; on doit dire cependant qu'on remarque la même particularité dans plusieurs objets analogues faisant partie des musées d'Italie. Il se peut que la poterie noire fût plus propre à contenir des liquides chauds, que la poterie colorée.

Notons encore un curieux spécimen des

bizarreries du goût. Ce poisson qui se contourne pour se mordre la queue, c'est un antique. Au milieu du dos, il porte un goulot; à l'extrémité de la queue, il y a un petit trou; deux anneaux ménagés près des ouïes permettent d'y passer une cordelette. C'était une gourde que l'on portait en sautoir, et avec laquelle on pouvait boire à la régalade. Les Chinois n'auraient pas mieux inventé!

Il serait trop long de décrire un à un tous les autres vases de la collection. Nous nous bornerons donc à signaler une assiette, *patèlla*, où sont peints trois poissons, — coloration jaune rougeâtre sur fond noir, et à mentionner l'enblème du hibou, symbole de la sagesse, qui se retrouve sur deux pièces. Ajoutons qu'à côté de ces vases, que l'on croit pouvoir présenter comme authentiques, on a placé, comme termes de comparaison, quelques-unes des imitations modernes de vases antiques qui se font aujourd'hui en Italie.

La collection de M. Pinczon du Sel contient vingt et quelques lampes en terre, toutes recueillies à Rome. La lampe tenait, en effet, une grande place dans l'économie intérieure des peuples de l'antiquité. Ce qui frappe, au premier abord, le voyageur moderne, l'homme du Nord surtout, qui visite les ruines silencieuses de Pompéï, cette ville conservée si intacte pour nous initier aux détails de la vie domestique des Romains, c'est l'absence de fenêtres, ou du moins leur extrême rareté. — Des rues assez étroites, bordées de maisons où s'ouvrent seulement çà et là les baies de quelques boutiques; le seuil des maisons franchi, des cours carrées entourées de portiques, des salles à manger le plus souvent éclairées par des colonnades, et, pour l'habitation, une foule de petits cabinets, de véritables cellules, ne prenant jour que par la porte; dans ce climat plus chaud que le nôtre, on recherche avant tout l'ombre et la fraîcheur. De là, pour les anciens, la nécessité de recourir à chaque instant à un éclairage artificiel; et ce besoin expliquerait seul la multiplicité des lampes qui se voient dans toutes les collections. On en a trouvé plus de dix-sept cents dans une seule boutique de Pompéï. Mais une autre circonstance est venue plus tard contribuer à en augmenter le nombre, tout en modifiant leur ornementation. Tous les auteurs qui ont traité de l'archéologie chrétienne s'accordent à reconnaître que, dès l'origine du christianisme, les fidèles adoptèrent l'usage de placer des lampes dans les sépultures, usage commun aux peuples de l'antiquité, et notamment aux Juifs. Il y avait là une expression symbolique de la lumière de la foi et des clartés célestes promises aux bienheureux. Aussi, dans tous les tombeaux chrétiens, trouve-t-on des lampes fixées soit à l'extérieur, soit même en dedans des niches sépulcrales. — La disposition elle-même des Catacombes, où pendant plusieurs siècles le culte chrétien dut s'abriter, rendait d'ailleurs nécessaire l'emploi de lampes nombreuses, pour y faciliter la circulation. A chaque pas, dans ces ténébreuses galeries, l'attention du visiteur est appelée sur les petites consoles où se posaient ces lampes; on a même remarqué au plafond des voûtes des traces de suspension. Ne nous étonnons donc pas si les recherches de la curiosité moderne ont pu en recueillir une aussi grande quantité.

Les lampes se divisent naturellement en deux catégories : les lampes païennes et les lampes chrétiennes.

Parmi celles qui figurent à l'Exposition, une seule peut être attribuée à la période étrusque; elle est en terre noire vernissée, et se distingue des autres par la largeur de l'ouverture centrale, de l'*oculus*. Au lieu d'un simple trou rond pour l'introduction de l'huile, cette ouverture a trois centimètres de diamètre et devait être probablement munie d'un couvercle; il n'est pas venu jusqu'à nous. Cette lampe n'offre d'ailleurs ni ornements ni inscription.

La plus curieuse et la plus rare des lampes païennes de la collection est une couronne de lumière, une sorte de lustre rond dont la circonférence est garnie de neuf becs destinés à recevoir autant de mèches. Le centre du lustre est évidé, mais traversé par deux meneaux croisés auxquels s'attache une chaîne de suspension en bronze dont plusieurs anneaux sont encore adhérents. La partie supérieure présente trois trous pour l'introduction de l'huile, entre lesquels se développe une guirlande de feuillages ; le dessous de ce lustre présente l'inscription suivante trois fois répétée : C. OPPI RES. Nous pensons que c'est le nom du fabricant ; d'autant plus que cette même inscription se lit sur une autre lampe de la collection. Celle qui nous occupe est en poterie rouge non vernie ; elle peut avoir 22 centimètres de diamètre.

Deux autres lampes également païennes, à deux becs (bilychnis), offrant à la partie postérieure une patte en fer de lance décorée de feuillages en relief, et légèrement inclinée en haut pour permettre à la main de saisir la lampe. Sur le dessus de l'une se voit un Pégase ailé ; l'autre offre une Diane sur un croissant. Les becs de ces lampes sont ornés de rinceaux.

Autre lampe à deux becs, ayant la forme d'une tête de taureau ; les naseaux s'ouvrent et se retournent pour recevoir les mèches ; les cornes sont courtes, les oreilles dressées ;

le mufle est chargé de rides; cette tête ne manque pas de caractère. A la partie postérieure, un anneau servant à porter la lampe.

Lampe à un seul bec, également portée au moyen d'un anneau. Sur le dessus, une figure de Jupiter ayant au-devant de lui un aigle aux ailes déployées, portant la foudre.

Classons encore parmi les lampes qui n'offrent pas le caractère chrétien, une jolie pièce en poterie rouge vernissée, avec ornementation en relief; une autre en terre blanche, avec ornementation en creux; et enfin une curieuse lampe offrant la représentation d'une jeune fille à genoux devant un grand vase, où elle paraît occupée à laver. Le côté de cette lampe opposé au bec est rond, sans aucune saillie qui permette de la saisir; elle ne pouvait donc être portée, et devait nécessairement être posée sur un support. Elle est d'une légèreté singulière et offre en dessous l'inscription suivante, caractères en relief : L CAEC — SAE.

N'oublions pas non plus une petite lampe microscopique, véritable jouet d'enfant, dont l'ensemble forme une tête grotesque; nouvel exemple des facéties en terre cuite qui égayaient les vieux Romains.

Les lampes chrétiennes se distinguent de celles que nous venons de décrire par leur forme d'abord, mais surtout par leur ornementation. La forme est le plus souvent celle d'un petit vaisseau; le bout opposé à la mèche se relève comme la proue, mais offre cependant peu de prise à la main. Ces lampes étaient donc difficilement portatives. Cette forme de navire est elle-même un premier emblème : c'est la barque de Pierre, le vaisseau de l'Église, que nous trouvons déjà dans les Catacombes, et dont plus tard les pinceaux du Giotto feront l'un des plus beaux ornements de la grande basilique romaine.

Ne croyons pas cependant que les premiers chrétiens aient adopté cette forme symbolique d'une façon exclusive, et abandonné immédiatement la forme plus arrondie et munie d'un anneau des anciennes lampes. Un grand nombre de lampes, et quelques-unes même dans la collection de M. Pinczon du Sel, présentent à la fois la forme ancienne et des ornements caractéristiques qui ne permettent pas de ne pas les considérer comme des lampes chrétiennes.

Ces ornements sont généralement emblématiques, et l'on s'accorde à regarder ceux où l'idée chrétienne se montre plus voilée comme remontant à l'époque la plus reculée, à celle où les fidèles étaient réduits à se cacher, à l'ère des persécutions.

Après les détails un peu minutieux dans lesquels nous sommes entrés au sujet des lampes païennes, il serait peut-être fastidieux d'examiner une à une chacune des lampes de la seconde catégorie; nous nous bornerons donc à étudier successivement, mais seulement sur les spécimens que nous offre la collection, les divers emblèmes sous lesquels s'y manifeste l'idée chrétienne.

Voici d'abord le lièvre, emblème de vigilance et signifiant aussi la course de la vie, au bout de laquelle est la récompense; — puis le chien, qui ne paraît pas avoir été fréquemment employé dans le langage symbolique, car Martigny ne donne aucune explication de cet emblème; — le poisson, dont le nom grec ιχθυς contient les initiales des mots ιησους χρισθος θεου υιος σωτηρ, *Jésus-Christ Fils de Dieu sauveur*, — le poisson à tête d'homme, qui personnifie encore mieux Jésus-Christ fait homme, emblème dans lequel on peut voir aussi Jonas sortant de la baleine, — le Bon Pasteur portant sur ses épaules la brebis égarée ; — l'α et l'ω inscrits soit sur le dessus, soit au revers.

Voici maintenant divers spécimens des formes variées du Chrisma ; mais, pour les faire saisir du lecteur, des *fac-simile* seraient nécessaires. Sur la plus belle de nos lampes, il est entouré des têtes des douze Apôtres.

Mais l'ère des persécutions est fermée, la vérité n'est plus contrainte à se cacher sous des emblèmes, et la croix, que le monde a vu briller sur le Labarum, vient enfin à son tour s'inscrire sur la lampe chrétienne.

En dehors de la céramique, la collection de M. Pinczon du Sel présente un certain nombre d'objets qui méritent d'être spécialement décrits; commençons par ceux que leur date rapproche des vases qui viennent de nous occuper.

Voici une tête d'empereur, laurée, en marbre. La sculpture est vigoureuse, les traits fortement accentués, l'expression de la physionomie repoussante. Sur sa ressemblance avec d'autres bustes antiques, nous avions cru devoir l'attribuer à Galba; mais un de nos collègues nous a fait observer que Galba était chauve, à telle enseigne que le soldat qui lui coupa la tête pour la porter à Othon, ne pouvant la prendre par les cheveux, fut obligé de lui mettre le pouce dans la bouche; Suétone le dit. Or, notre marbre a des cheveux. — Je ne puis contester la valeur de cet argument; — toutefois, je me demande si, au lendemain du règne de Néron, le sculpteur qui taillait en marbre la tête de son successeur vivant, était aussi à son aise que l'historien écrivant bien des années après que le soldat d'Othon eut coupé cette tête et lui eut mis le pouce dans la bouche, ou que l'archéologue du XIXe siècle, pour révéler au monde que l'auguste empereur était chauve? N'eût-ce pas été là crime de lèse-majesté, capital au premier chef?

M. Pinczon du Sel a aussi recueilli à Rome quelques objets de caractère éminemment égyptien. — On sait, en effet, que, sous le règne d'Adrien, les superstitions égyptiennes furent en grande vogue à Rome, et y ont laissé des souvenirs nombreux. — Ces objets sont deux statuettes en gaîne d'une pâte bleue vitrifiée, un scarabée avec inscription hiéroglyphique, et enfin un objet en pierre, long de 26 centimètres, sur 5 centimètres de largeur, arrondi à sa partie inférieure, et présentant à la partie supérieure une figure de femme coiffée d'un capuchon qui encadre la face, parée d'un collier, et tenant de la main droite, repliée sur la poitrine, une fleur de lotus. Le bras et la main gauches sont collés le long du corps; la tête porte un ornement évasé, percé d'un orifice au sommet; l'intérieur est évidé sur presque toute sa longueur; mais la cavité n'a qu'un très-faible diamètre. Nous avons vu des objets semblables dans la collection du Louvre. Nous en ignorons la destination.

Nous avons ici plusieurs de ces fioles en verre, auxquelles on a donné le nom de fioles lacrimatoires, et que l'on trouve dans les tombeaux. Quelle était la destination véritable de ces objets? L'appellation qu'ils ont reçue est-elle exacte? Questions qui ont donné matière à de savantes dissertations, mais que nous ne devons pas examiner ici. Cette fiole-ci est remplie d'une substance pulvérulente. Est-ce la cendre de quelque vieux Romain? Est-ce seulement la poussière des siècles? — Cette autre est vide et d'une légèreté surprenante. Admirons ces charmants effets d'irisation, ces nuances nacrées dont le temps les a revêtues. — Autre vase antique en verre, celui-ci d'un usage moins lugubre. C'est une coupe à boire. Elle a été trouvée à Pouzzoles; sans doute, on y a bu du falerne.

La série des verres se continue dans la collection par quelques vieux verres de Venise, des verres taillés et dorés de Bohème, et par les productions modernes de Murano.

Fort peu d'objets antiques en bronze; un seul très-marquant, mais c'est encore un *gutturnium*, et le lecteur doit être fatigué de cette espèce de vase, dont le nom ne lui est peut-être pas très-familier. Nous nous garderons de lui faire vider celui-ci jusqu'à la lie. Montrons-lui plutôt ce petit miroir métallique qui a dû passer sur la toilette de quelques dames de Pouzzoles, ces fibules délicatement ouvragées qui lui servaient à agraffer son peplum, et cette poignée de petits dieux lares ramassés sur les étalages des revendeuses de la place Navone; spécimens curieux de la statuaire antique à bon marché.

Si nous n'avons que peu d'anciens bronzes, en revanche les bronzes de l'extrême Orient sont assez nombreux dans la collection de M. Pinczon du Sel. Citons une petite idole hindoue en cuivre jaune; un porte-bouquet en vieux bronze chinois, ayant des deux côtés des anneaux engagés dans un ornement de dessin assez gracieux; deux grands vases, aussi en bronze chinois, dont la forme bizarre est découpée comme celle de la coiffure d'un lancier polonais; un paon, haut de 45 centimètres, dont la queue étalée jusqu'à terre offre à l'œil des nuances de bronze moiré d'un singulier effet; une grande carpe de bronze japonais, également moiré, se dressant sur ses nageoires antérieures, hérissant son arête dorsale et déployant sa queue bifurquée; deux groupes de cigognes en bronze japonais noir, avec dorure sur les ailes; enfin, un hideux crapaud que l'imagination dépravée de la Chine a trouvé moyen de faire plus hideux que nature, auquel elle a donné des dents, trois pattes seulement et une corne entre deux gros yeux proéminents, et qui, sur son dos couvert de pustules, porte un jongleur grimaçant; et notons que toutes ces conceptions, plus baroques les unes que les autres, oiseaux, poisson, crapaud, ce sont des brûle-parfums. Singulière civilisation que celle de ces races vieillies, qui associent l'habitude des jouissances les plus raffinées aux excentricités d'un goût perverti, l'adresse de la main et des procédés techniques très-perfectionnés aux débauches d'une fantaisie capricieuse qui dénoterait l'absence complète des notions du beau, si nous n'avions là sous les yeux, pour infirmer cette conclusion, les merveilles de la porcelaine!

Quelques lignes encore sur les émaux et les ivoires des vitrines de la salle C : la Chine nous a envoyé ce plateau de forme oblongue, cette bonbonnière côtelée, où des scènes d'intérieur et des paysages qui révèlent toute la naïveté du dessin chinois, s'encadrent dans des bordures bleues et vertes, à reflets irisés. — Voici deux émaux de Limoges, une tête d'Othon, et saint Luc tenant l'Évangile, ayant son bœuf couché à ses pieds. Les draperies sont en camaïeu bleu, les chairs seules sont teintées en couleur. — Une bourse dont les deux côtés, se reliant comme les valves d'un coquillage, présentent, en deux médaillons ovales, un portrait d'homme, grande perruque à la Louis XIV, rabat de dentelles, habit bleu passementé d'or, et gilet rose à revers rouges, — et un portrait de femme coiffée à la Fontange, de dentelles avec nœuds de ruban rose et barbes pendantes, collier de perles noires, devant de corsage en dentelle, robe rose à ramage, avec bordure vert clair, brodée d'or, ouverte par devant et rattachée par un large nœud bleu en forme de papillon. — Enfin, deux médaillons ovales dus au pinceau de l'émailleur Nouailher (règne de Louis XIII), et représentant, l'un Vénus et Adonis, et l'autre la mort d'Adonis. — Essayer de les décrire nous entraînerait trop loin.

En ivoire, — un grand médaillon ovale, découpé à jour et curieusement ciselé, représente l'Adoration des bergers. Tous les détails en sont traités avec un fini achevé; les pieds et les mains surtout sont du faire le plus exquis. — Deux statuettes de la Vierge et de saint Jean, hauteur de vingt-huit centimètres, et portées chacune sur un piédestal d'écaille et d'ébène. Nous les avons seulement indiquées ailleurs. Peut-être les têtes de ces statues sont-elles proportionnellement un peu trop petites, mais l'expression en est parlante; la pose de la Vierge est navrée, le saint Jean est vivant d'attitude et de mouvement. Ces statuettes devaient certainement accompagner un christ en croix; mais ce christ manque. M. Pinczon du Sel l'a remplacé dans ses vitrines par un grand crucifix en nacre ouvragée venant des Saints-Lieux. — Donnons enfin un dernier coup d'œil à ce bel oliphant que le public de l'Exposition a fort remarqué, et dont nous avons parlé. Une chasse à courre s'y déroule en spirale; chiens, cerf, piqueurs à pied, piqueurs à cheval, chasseur au galop sonnant l'hallali, tout cela est plein de fougue et d'entrain. Ce morceau mesure soixante-dix centimètres; on le croit de travail allemand.

§ 10.

En terminant ici cette revue, où notre but, doublement impersonnel, a été de montrer d'une manière nette le profit que le public pouvait retirer de l'Exposition, et de remercier les exposants de l'empressement avec lequel ils ont répondu à l'appel de la Commission ; cette Commission ne sera blâmée de personne si elle nomme, sans autre commentaire, ceux de ses membres qui se sont plus activement occupés du placement des objets : MM. Martenot et Langlois ont bien voulu se charger de la préparation des salles et de leur aménagement ; M. Barré pour les sculptures, MM. Le Hénaff, Léofanti, Jan, Birotheau, Jobbé-Duval, pour les peintures, ont activement présidé à la mise en place des objets d'art si nombreux et de dimensions si différentes qui nous ont été adressés; M. Quesnet a classé les chartes choisies dans ses archives avec la bienveillante autorisation de M. le préfet d'Ille-et-Vilaine; MM. Pinczon du Sel, André, Mowat et Hédou ont, avec M. Ropartz, pris la charge spéciale de disposer le riche mobilier archéologique et ethnographique qui remplissait les salles; M. Lavallée, secrétaire, et M. Thébaud, trésorier, ont manifesté dans ces fonctions une activité et une aptitude entières.

Tous ont voulu montrer combien ils appréciaient l'œuvre d'art et l'œuvre de bienfaisance à l'accomplissement de laquelle l'Administration de la ville de Rennes les conviait.

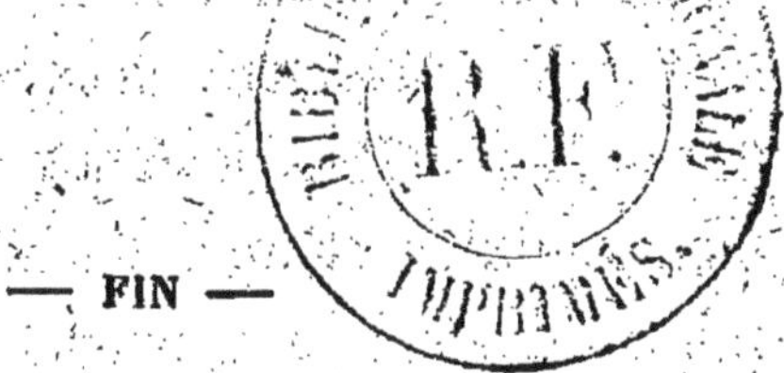

— FIN —

TABLE

Rennes. — Imp. Catel.

www.ingramcontent.com/pod-product-compliance
Ingram Content Group UK Ltd.
Pitfield, Milton Keynes, MK11 3LW, UK
UKHW031048260726
13965UKWH00006B/734